당신의 시간을 살고 있나요?

자기 시간을 사는
사람들

시간활용의 달인

●

당신의
시간을 살고 있나요?

오오북스

시작하며

우리는 퇴사가 유행하고, 이른 퇴직을 권하는 사회에 살고 있다. 자신이 누구인지, 무엇을 하면서 살아가야 할지 몰라 방황하는 것은 더 이상 청년들만의 몫이 아니다. 이것은 대한민국에 태어난 사람이라면 누구나 하는 절박한 고민이다. 회사나 일에 매이자니 나 자신이 사라지고, 내가 원하는 대로 살자니 생계가 걱정이다. 한마디로 오도 가도 못하는 상황이다. 그래서 눈 질끈 감고 깊은 생각 없이 하루하루를 보내고 일 년을 보내고, 평생을 그렇게 같은 고민만 반복하면서 시간을 흘려보낸다.

한 조사에서 전국의 19세 이상 성인남녀 1천 명에게 몇 살에 퇴직할 것 같은지 물었더니 평균 57세라는 결과가 나왔다.* 그러나 우리나라 근로자의 실제 평균 퇴직 연령은 47세이다. 은퇴 예상 시기보다 실제 은퇴는 10년 빨리 이루어진다. 조사마다 조금씩 차이가 있겠지만, 그래도 대부분 50세를 넘지 못하고 직장을 떠나는 게 현실이다. 학교 졸업 후 직장을 얻기 위해 고군분투하다가 20여 년을 일에만 몰입하다 보면, 어느새 직장에서 눈치를 받는 나이가 된다. 100세 시대라는데, 거칠게 말하면 쉰도 되기 전에 남은 인생 50년의 시간을 떠안고 망망대해에 남겨지는 꼴이 된다.

---

* 주식회사 오오여행과 (주)리서치앤리서치가 전국의 성인남녀 1천 명을 대상으로 실시한 「퇴사 준비자의 시간활용 능력에 대한 조사」, 2019

이러한 현실에 대비하기 위해 무엇을 준비해야 하는가 하고 물었더니 응답자 10명 중 7명이 '재정 상태'라고 대답했다. 하지만, 우리는 모두 어렴풋이 알고 있다. 돈이 풍족하다고 해도 남은 인생 50년, 짧게 잡아도 30년을 여행만 다니거나 등산만 하며 살 수는 없다는 것을. 이런 인생이 행복하지만은 않다는 것은, 응답자들이 '퇴직 초기에 느낀 홀가분함은 금세 사라지고, 날이 갈수록 허무함, 막연함, 두려움, 우울과 같은 부정적인 감정'이 높아질 것이라고 예상한 답변을 통해서도 확인할 수 있다.

더 흥미로운 질문은 '자기 정체성'에 관한 것이다. '자기가 누구이며, 어디로 나아가고 있고, 자신에게 맞는 집단이나 사회는 어디인지'를 아는지 물었더니, 응답자 중 '안다'라고 대답한 사람이 반을 넘지 못했다. 한 마디로 두 명 중 한 명은 '내가 나를 모르는 상태'인 것이다.

젊은이들은 '어떻게 살 것인가'에 대한 생각을 정리할 시간도 없이 좌충우돌하면서 퇴사를 실험하고, 나이 든 사람은 '내가 누구인가'라는 사치스러운 생각을 할 겨를도 없이 나중에 쓸 돈부터 통장에 채워 넣는다. 누구의 책임도 아니다. 그저 우리는 모두 열심히 살았을 뿐이다. 그런데, 무작정 열심히만 살면 될까? 금수저, 흙수저, 그리고 내가 어쩌지 못

하는 운명과 상황들이 있다. 삶은 결코 공평하지 않다. 슬프지만 이것이 진실이다.

살아있는 동안 각자에게 주어진 것 중 공정한 것은 오직 시간뿐이다. 하루 24시간은 누구에게나 주어진다. 지금 각자의 상황이 어떻든 주어진 이 시간을 어떻게 활용하느냐에 따라 삶은 달라질 수 있다. 퇴직 후의 삶도 마찬가지다. 퇴직 후의 삶을 30년으로 치면 26만 2천8백 시간이고, 50년으로 계산하면 무려 43만 8천 시간이다. 엄청난 양이다. 만약 누군가 44만 리터의 물이나 석유를 생각 없이 쏟아버린다면 그 사람은 비난받을 것이다. 그런데 우리는 물질은 아까워하면서 시간은 함부로 쓸 때가 많다. 돈이나 석유 같은 것은 모으고 쓰는 대로 바로 눈에 보이지만, 흩어지고 쌓인 시간의 결과는 긴 여정을 지나 결국 인생을 통해 모습을 드러낸다. 그래서 서늘하리만치 공정한 것이다.

여기 이 사실을 일찍 알아채고 눈에 보이지도 않는 '시간'에 인생의 승부를 건 사람들이 있다. 일명 '시간활용(시활)의 달인'들이다. 자기 시간을 사는 숨은 고수들이다. 장인도 아니면서 장인이 가졌을 태도로 삶을 엮어낸 사람들, '운명'이라는 재료를 탓하지 않고 '시간'이라는 공정한 베틀에, 자신이 발견한 시간활용의 기술을 붙여 삶을 작품으로 구현하고 있는 사람들 다섯이다. 이들은 공통적으로 그간의 깊은 고민을 통해 자기가 누구인지 분명히 알고 있으며, 그것을 바탕으로 주어진 시간을 자기식으로 분배하고 부지런히 몸을 움직여 시간을 채워 온 특징이 있다. 또한 경제 관념이 철저하여 허튼 소비를 하지 않으며, 돈과 명함의 노예가 되어 생의 대부분을 보낼 생각은 추호도 없는 사람들이다. 가난하지도 않고 그렇다고 눈에 띄는 부자도 아니다. 관계에 있어서는 따뜻하고 겸손하지만, 자신의 영혼을 보호하는 본인만의 원칙이 있으며 매우 독립적이다.

한마디로 단단한 사람들이다. 이 책은 이들이 시행착오 끝에 다다른 실용적인 조언을 담고 있다. 어떻게 살 것인가. 자기의 시간을 살기 위해 나는 누구이며 무엇을 할 것인가 이제 당신이 스스로에게 질문할 시간이다.

목차

시간활용의 달인
자기 시간을 사는 사람들

12

52

첫 번째

'60대 SNS 스타'
본폰 부부

두 번째

'밤에는 화가'
박태후

호기심이 만드는
새로운 세계

씨앗으로 숲을
창조한 시간의
승부사

88　　　　　　　　136　　　　　　　172

세 번째　　　　　**네 번째**　　　　　**다섯 번째**

'지금을 사는 PD'　　'85세 정신과　　　　'일상 디자이너'
김민식　　　　　　　의사' 이근후　　　　박혜윤

돈과 시간,　　　　　행복은 없다,　　　　느리지만 선택지를
그중에서도 시간　　　그럼에도 불구하고　 넓혀가는 용기

'60대 SNS 스타'
본폰 부부

첫 번째

인스타그램에서 '60대 링크 코디'로 주목받는
일본의 본폰(@bonpon511) 부부. 어느덧 80만
팔로워를 자랑하는 그들이 60대에 인스타그램을
시작한 진짜 이유.

호기심이 만드는
새로운 세계

안녕하세요. 자기소개 부탁드려요. 두 분은 스스로를 어떻게 소개하고 싶으세요?
bon 안녕하세요. 아키타현 출신의 64세 bon이라고 합니다. bon은 어릴 적 남자아이들을 부르는 말인 본짱에서 따온 별명이에요.
pon 저는 pon이에요. 어린아이를 '바보'라고 귀엽게 부르는 '앙폰탄'이라는 말에서 가운데 글자 'pon'을 따왔어요. 아버지가 저를 그렇게 불렀거든요(웃음). 저희의 인스타그램 계정 'bonpon511'에서 '511'은 결혼기념일이에요. 저희는 도쿄에서 학교 다닐 때 만나, 아키타로 가서 40년 가까이 살았어요. bon의 어머니와 저희 부부, 딸 둘이 함께 살다가 2년 전 둘이 센다이로 왔습니다.

두 분의 하루는 어떻게 흘러가나요?
bon 보통은 아침 7시쯤에 눈을 떠요. 고양이에게 밥을 주고, 놀아준 후 8시가 되면 둘이 함께 NHK 아침 드라마를 봐요.

그다음엔 청소를 하고 아침밥을 먹어요. 밥을 먹고 나서는 둘이서 오늘은 뭘 할지 이야기 나누고 외출하는데요. 주로 인터넷이나 TV 뉴스, 혹은 센다이 관련 정보를 보고 어디를 갈지 상의해요. 경치를 보러 산에 가거나 예쁜 꽃이 핀 곳이 있다는데 가볼까? 하는 식으로 정하죠. 가서 인스타그램용 사진도 찍고 돌아오는 길에 장을 봐 와서 저녁을 해먹고요.

퇴직 후 아키타에서 센다이로 이사했다고 들었어요. 이사와 함께 새로운 생활이 시작되었는데, 이사 오기 전부터 '퇴직 후에 이런 삶을 살고 싶다' 하고 머리에 그린 것이 있었나요?
bon 정년퇴직하고 새로운 생활을 하기로 마음먹긴 했죠. 노후 생활을 생각하면, 돈 드는 일을 최소한으로 줄여야겠다 싶었거든요.
pon 퇴직하기 3년 전에 시어머니가 돌아가셨고 아이들도 저희 손을 떠나 독립했어요. 아키타의 집은 둘이 살기에 너무 넓고 낡아서 가능한 한 퇴직 전에 이런 결정을 하려고 했죠. 아키타에서 계속 살기보단 교통이 편하고 기후가 좋은 센다이에 사는 건 어떨까 의논했어요.

앞으로의 시간을 어떻게 쓰면 좋을지도 구체적으로 생각해 보셨나요?
bon 퇴직하기 전까지는 일이 많아 굉장히 바쁘게 지냈어요.

그만큼 둘이 대화할 시간도 적었기 때문에, 퇴직하면 둘만의 시간을 많이 갖자고 생각했어요. 둘이 보내는 시간이 많아질 테니 협력하면서 생활하자, 이야기했죠.
pon 퇴직하고 나니 둘이 있는 것 자체가 굉장히 신선한 느낌이에요. 외출을 해도 둘이 하고, 청소도 둘이 하거든요.

구체적인 계획을 많이 세우진 않으셨나 봐요.
pon 퇴직하고 나서는 시간이 굉장히 많기 때문에 초조하게 생각할 필요가 없었어요.
bon 느긋하게 충분한 시간을 들여서 천천히 생각했어요. 우리 둘 다 납득할 만한 걸 찾아보자 했죠. 뭐든 도전해보는 게 즐거워요. 부모님도 안 계시고, 아이들도 독립해서 없기 때문에 뭘 해도 여유 있어요.

조급하지 않게 마음먹는 것도 좋은 비결인 것 같네요. 퇴직하면 이것저것 꼭 해야겠다는 조급한 마음에 금방 지치기도 하잖아요.
bon 하고 싶은 건 있지만, 해보고 맞지 않으면 그만두면 되니까요. 하지만 어떤 것에라도 흥미를 갖는 건 좋은 것 같아요. 저는 요즘 새로운 걸 도전해보는 게 즐거워요.
pon 뭔가를 하고 싶은 마음이 드는 건 굉장히 좋은 일이죠. 하지만 '시기가 맞으면'이라고 생각해요. 지금 당장 해야 하

'60대 SNS 스타' 본폰 부부

고 조급해 할 게 아니라요. 저희 둘 다 너무 느긋한 성격이라 그런 것 같기도 해요(웃음).

경제적으로 고민된 부분은 없었어요?
bon 경제적으로 부유하진 않으니, 가능한 범위에서 생활해야 하잖아요. 연금만으로 생활하기 어려워서 이제부터 어떻게 해나가야 하나 고민이 많았죠. 일본에도 퇴직금 제도가 있어요. 그렇게 많지는 않지만요. 그 돈을 언제까지 쓸 수 있을지 고민하고, 이걸 가지고 어떻게 생활할지 연구했어요. 센다이에서는 아키타보다 생활비가 더 많이 들 테니, 센다이 시내로 옮기면 돈을 어떻게 사용할지를 계획했죠.
pon 하지만 아무리 계획하고, 노력해도 저금은 좀처럼 안되네요. 생활하는 것만으로도 힘들어요.

퇴직하기 얼마 전부터 이런 계획을 세우신 거예요?
bon 어머니가 돌아가시고 나서야 어떻게 할지 생각했어요. 어머니가 병으로 입원을 하셨는데 돈이 굉장히 많이 들었거든요. 어머니가 돌아가신 뒤, 남은 돈은 오롯이 저희를 위해서 쓰기로 했어요.
pon 아이들에게 부담이 되고 싶지 않았기 때문에 가능한 저희끼리 생활할 수 있도록 했죠.

센다이로 이사 오면서 pon 씨는 보살피던 어머니와 딸을 떠나보냈잖아요. 허전하진 않으셨는지 궁금해요.
pon 큰 딸은 일찍 도쿄에 가서 살았고 둘째 딸은 함께 살다가 떨어져서 조금 적적했죠. 하지만 딸에겐 딸의 인생이 있으니까요. 게다가 이전까지 남편이 계속 바빠서 부부의 대화가 불가능한 상황이었어요. 사실 얼른 둘이서 여유롭게 생활하고 싶기도 해서 이 시간을 기다려왔죠. 지금은 함께할 수 있어 행복해요(웃음).

bon 씨는 회사에 다닐 때 거의 매일 야근할 만큼 바빴다고요. 퇴직하고 나서 시간이 많아지니 막상 뭘 해야 할지 모르겠다고 느끼신 적은 없나요?
bon 처음엔 조금 허전하긴 했지만, 지금은 전혀 그렇지 않아요. 여태까지 너무 바빴기 때문에 드디어 여유가 생겼구나, 하는 마음이죠. 퇴직 전에 디자인 일을 했었는데요. 센다이에 와서 지금까지 했던 일을 계속할 수 없을까 생각하긴 했어요. 하지만 디자인은 젊은 사람에게 맡기는 게 빠르기도 하고 감각도 못 따라가니 어렵더라고요. 개인적으로 작은 일들은 간간이 받아서 하고 있어요. 자원봉사로 저희가 사는 아파트나 교회의 회보를 디자인하거나, 티셔츠 같은 것들을 디자인해요. 돈이 많이 되는 건 아니지만, 일을 하는 것 자체가 즐거워서요.

하루하루가 얼마 남지 않았다는
생각이 들어서 너무 소중해요.
그래서 하루하루를 재밌게 보내자고
생각해요. 시간은 무한한 게
아니니까 더 소중하게 써야 하죠.

허전한 감정이 들 때면 어떻게 대처하세요?

bon 일에 대한 미련은 크게 없어요. 지금까지 열심히 해왔던 게 끝났을 뿐이라고 생각하거든요. 요즘엔 집안일을 하나하나 배우는 게 신선하고 재밌어요. 세탁기를 사용할 때 어떤 버튼을 누르고, 세제는 어떤 걸 넣는지 등 기본적인 가전제품 사용법부터 배우고 있어요. 아내가 입원이라도 하거나 제가 혼자가 됐을 때 집안일을 전혀 못하면 정말 곤란하잖아요. 그래서 꼼꼼하게 배우려고 해요. 지금은 집안일을 연수받는 느낌이에요(웃음).

저희가 사전에 보내드린 시간활용 능력 설문지 해보셨나요? 어떤 결과가 나왔는지 궁금해요.

pon 만점 나왔어요! 낙천적이기 때문일까요? '돈이 없어서 어쩌지?' 하고 걱정하기보단 '어떻게든 되겠지!' 하는 편인 것 같아요.

bon 저는 9점이요. 지금까지도 돈은 많이 없었지만 어떻게든 됐기 때문에, 앞으로도 그렇지 않을까? 해요. 돈이 없어도 그대로 즐긴다면 재밌다고 생각해요. 즐거운 생활을 하지 않고, 괴로워하면 돈 없는 생활은 더 괴로워지거든요. 돈이 없어서 여행을 못 가면 그냥 산책이라도 가자고 생각하는 제 성격 때문에 점수가 높게 나온 것이 아닐까 싶어요.

언제부터 이렇게 낙천적인 성격이었어요?

pon 남편을 알게 된 후로 쭉 가난했거든요(웃음). 부자가 되어본 적이 없어서 '없으면 없는 대로 즐거운 걸 하자'라고 마음먹게 된 것 같아요.

bon 40년 전에는 돈이 없는 게 당연했어요. 신혼 시절엔 욕실도 없는 집에 살아서 씻으려면 목욕탕에 가야 했거든요. 당시에 작은 디자인 회사를 다녔는데요. 대부분의 직장인이 200만 원을 받았다면 디자인 회사는 100만 원을 받던 시대예요. 생각해보면 지금은 오히려 굉장히 넉넉해진 거죠. 집에 욕실도 있고요(웃음). 돈이 부족한 것에 대해 크게 생각하지 않았던 것 같아요. 하지만 그렇다고 젊은 사람들에게 가난한 생활을 견디라고 할 마음은 전혀 없어요.

퇴직 후에 더 행복한 삶을 살고 계신 것 같아요. 지금의 삶에 만족하나요?

pon 즐거워요 굉장히.

bon 우연히 인스타그램으로 많은 분의 관심을 받았는데, 정말 그것만으로도 충분히 만족해요. 뭘 하든지 간에 즐겁게 하자고 생각하고 있어요.

pon 인스타그램도 전혀 상상하지 않았는데요. 인생은 모르는 일 같아요. 그래서 재밌고요.

자기 삶의 만족은 돈과 시간이 많다고 되는 건 아닌 것 같아요. 두 분은 행복하기 위해 어떤 노력을 하시나요?

pon 우선은 아프지 않고 건강해야 행복한 것 같아요. 뭘 하든지 건강하지 않으면 힘드니까요.

bon 그러니까 건강할 때 꼭 행복하게 살자고 생각해요. 그런 생활이 계속되도록 건강에 신경 쓰고요.

두 분이 센다이로 오게 된 것도 새로운 삶의 시작이지만, 인스타그램 '링크 코디*'도 새로운 삶이 시작된 계기잖아요. 그 시도를 따님이 권유했다고 들었어요. 권유받았을 때 꺼려지는 부분은 없었나요? 우리가 잘할 수 있을까, 남들이 어떻게 볼까, 나이에 안 맞는 걸 한다고 하지 않을까, 하는 걱정 같은 거요.

bon 거부감은 전혀 없었어요. 오히려 새로운 걸 하니까 설레고 즐거운 마음이었죠.

pon 만약 지금도 아키타에 살고 있었더라면 사람들의 시선을 신경 썼을지도 몰라요. 예전부터 알고 지내던 사람이라든지. 지금은 둘이 센다이에 와서 지내는 생활도 새롭고, 대부분 모르는 사람들이라 남들의 시선을 전혀 신경 쓰지 않고 살고 있거든요.

---

* 두 사람이 컬러나 무늬가 같은 옷이나 신발, 안경 등을 맞춰 입어 연결(링크)된 느낌을 내는 코디. 똑같은 옷을 입는 커플룩과는 다르며, 비슷하게 맞춰 입는 시밀러 룩과 비슷한 의미이다.

첫 번째

그 점을 노리고 이사하신 건가요?

pon 노린 건 아니지만, 결과적으로 그렇게 됐네요(웃음).

bon 만약 일을 하고 있을 때 그런 제안을 받았다면 무리였을 거예요. 일을 할 때는 사람들의 시선이 '신경 쓰였다'기보다는 '신경을 써야만 했다'고 할까요. 회사 사람이나 주변에서 뭐라고 얘기할지에 대해서요. 나쁜 일이라고 생각하진 않지만, '당신 회사의 사원이 이런 걸 하네요'라는 말 등이 신경 쓰였을 거예요. 회사에 영향을 줄까 봐.

퇴직한 게 새로운 도전을 쉽게 할 수 있었던 계기가 되겠네요.

pon 그렇죠. 딱 좋은 타이밍이었어요.

인스타그램에 그날의 링크 코디, 방문한 곳의 사진을 올리잖아요. 7~10일간 안 올라오면 걱정하는 분들도 있던데, 혹시 SNS 업데이트를 위해 일부러 외출하는 경우도 있나요?

pon 그렇지는 않아요. 정말 '마이 페이스'라서요(웃음). 며칠간 안 하면 사람들이 걱정하니까 일부러 하지는 않아요. 재밌어 보이는 이벤트가 있으면 외출하거나 꽃이 예쁘다니까 가보자, 하면서 저희만의 페이스로 하죠. 무리하지 않으려고 해요. 업데이트를 의무처럼 생각하면 지치니까요. 즐기면서 저희만의 페이스로 하고 싶다고 생각해요.

bon 젊은 사람들 중에는 뭔가를 보여주려고 하는 경우도 있겠지만, 저희는 외출할 때 기록용으로 쓰려고 해요. 저희 부부만을 위해서요. 그리고 인스타그램을 계속하면 치매 예방에 도움이 될 것 같기도 하고요. 무리하지는 않아요. 꽃이 핀 곳이 있다면 가보고, 비가 오면 가지 않는 식이죠(웃음).

인스타그램을 시작하고 두 분의 일상이 어떻게 달라진 것 같나요?
bon 여러 사람이 말을 걸어준다는 거겠죠. 센다이에 와서는 모르는 사람들뿐이었는데 많은 사람이 말을 걸어주더라고요.
pon 인스타그램을 시작할 때는 이렇게 유명해질 거라고 생각하지 않았는데, 정말 놀라워요. 알아봐 주면 그저 기쁘고 고맙죠.

인스타그램을 안 하셨다면 두 분의 퇴직 후 일상은 어땠을 것 같나요?
pon 어땠을까요…. 파트타이머로 일했을 것 같아요. 연금으로 부족한 부분을 벌기 위해 일했을 것 같아요.

솔직하시네요. 보통은 그렇게까지 현실적인 말은 하지 않을 텐데요.
pon 현실적인 문제니까요(웃음).

bon 아마 가까운 마트에서 카트 정리하는 일을 했을 거예요(웃음).
pon 그거라도 좋다고 생각하고 했겠죠. 저희를 고용해주는 거니까요.
bon 머리를 쓰는 일은 무리지만, 마트 일은 좋은 것 같아요.

두 분은 정말 행복해 보이는데, 행복 공식이란 게 있을까요? 내 일상엔 이런 게 있어야 행복하다고 할 만한 것들이요. 가령 저는 잠을 잘 자고, 하루에 한 잔은 맛있는 커피를 마시고, 일주일에 하루 정도는 혼자만의 시간을 보내야 행복하다고 느끼거든요.
pon 일단은 건강이죠. 그리고 뭐가 있을까요. 호기심? 새로운 것을 시작하거나 여러 가지에 흥미를 갖는 거요. 그 정도?
bon 잘 자는 것, 충분한 수면이요. 건강이라고도 할 수 있겠네요. 그리고 저는 사교적인 사람이 아니거든요. 그래서 가끔 누군가와 대화가 잘 통해서 이 사람과 좋은 인연이 닿았다는 생각이 들 때 행복해요. 그리고 호기심이요. 호기심이 없어진다면 따분하고 별 볼 일 없는 인생일 것 같아요. 어떤 것에든지요.

호기심을 공통적으로 꼽으시는군요. 나이를 먹어서도 호기심을 가진다는 건 참 좋은 일 같아요. 두 분은 호기심을 갖고

살기 위해 어떤 노력을 하시나요?

bon 나이를 먹고도 가능한 건 있다고 생각해요. 저는 회사에서 열심히 일해왔고, 그 세계가 전부였거든요. 그런데 눈을 돌리니 새로운 세계가, 더 배울 세계가 있더라고요. 아이처럼 여러 가지를 배우며 세계를 넓혀가고 있어요. 다양한 사람을 만나고 여러 일을 배우다 보니 그게 재밌어요. 회사 밖에서의 생활은 모두 새로워서 호기심을 갖게 되죠.

pon 저는 예를 들어 스마트폰을 처음 봤을 때도 어렵다고 옆으로 치우는 게 아니라, 어찌 됐든 해보려는 마음이 있어요. 컴퓨터를 할 때도 그랬고요. 인스타그램이 아닌 새로운 SNS가 나오면 반드시 해볼 것 같아요.

내가 모르는 세계, 새로운 세계가 있다는 걸 인정하고 그런 걸 더 배우려는 마음이 계속 호기심을 만드는 게 아닌가 싶네요.

bon SNS에서 누군가 저에게 말을 걸어주는 것도 굉장히 기뻐요. 또 다른 세계가 열리는 거니까요.

pon 인스타그램을 했으니 그런 관계 맺기도 가능했고, 여러 가지 인연도 있었다고 봐요.

퇴직 후 만족스러운 삶을 살기까지 시행착오나 어려운 점은 없었나요? 센다이에 이사 오기로 결정하고 나서라든가, 인스

타그램을 운영한 초반이라든지요.
bon 실패인지 아닌지도 몰랐던 것 같아요(웃음). 온통 처음 하는 것들뿐이었으니까요. 아키타에서 센다이로 이사 올 때도 많은 일을 어떻게 해야 할지 몰랐죠. 호기심이라고 생각하고 부딪히면서 전부 스스로 해결했어요. 그걸 딱히 난관이라고 생각하진 않았어요.

어려운 일이 있었지만, 시행착오라고 생각하지 않는다는 거네요.
pon '뭐는 이래야 한다'라는 게 없기 때문에 시행착오라고 생각하지 않아요.
bon 물론 작은 것들은 있었죠. 가령 제가 요리를 했는데 막상 해보니 너무 싱거워서 맛이 없다든지요(웃음). 하지만 한번 실패하면, '다음엔 간을 좀 더 하면 되겠지' 하고 마음먹어요. 그걸 실패라고 생각하지는 않아요.

새로운 세계라고 생각하고 도전하기 때문에 실패라고 여기지 않는 걸까요?
bon 기본적으로 해보지 않으면 모른다는 생각이 있기는 해요. 해보고 안 됐을 때 다시 한번 해볼지, 아니면 포기하고 다른 방향으로 갈지를 결정하는 거지 실패라고는 생각하지 않아요. 안 해보면 내가 할 수 있는지 없는지, 어느 방향으로 갈지 모르니까요.

어른의 세계네요.
bon 물론 남에게 폐를 끼치는 시행착오는 절대 하면 안 된다는 기준이 있어요. 저희만의 실패일 경우에만 우선 해보자는 마음이라는 거죠.

혹시 그럼에도 후회하거나 되돌리고 싶은 순간이 있나요? 젊었을 때의 두 분에게 해주고 싶은 말이 있는지 궁금해요.
pon 젊을 때는 굉장히 제멋대로였어요. 서로에게 쉽게 화내고, 심하게 말했거든요. 상대를 좀 더 이해해주라고 하고 싶어요. 하지만 젊었을 때로 돌아가고 싶지는 않아요(웃음).
bon 그때가 있었으니 지금의 저희가 있으니까요. 젊었을 때는 확실히 내가 옳다고 생각하는 부분이 있었던 것 같아요. 얼마 전에 교회에서 신부님에게 들었는데, 싸우게 되는 건 서로 자기가 옳다고 주장하기 때문이라고, 내가 옳다는 마음을 양보하면 그럴 일이 없다고 하셨어요. 그 말이 맞다고 생각해요.
pon 젊을 때는 다 '내가 옳다', '내가 최고다'라고 생각해요. 하지만 나이 들면 그런 마음은 자연스럽게 없어지는 것 같아요.

반대로 젊을 때의 두 분을 칭찬하고 싶은 부분은요?
bon 이런 멋진 여자를 잘 발견했구나(웃음).
pon 저는 이런 저를 잘 참아준 것. 안 헤어지고 잘 살아준 것이요.

어떻게 하면 이렇게 멋진 상대를 찾을 수 있을까요?
pon 궁합이라고 생각해요.
bon 우연일까요. 같이 살지 않으면 안 되는 분위기가 돼버리기도 했고요(웃음). 끝까지 가보자라는 것보다는 어쨌든 헤어지지는 말자라는 마음이 둘 다 있었던 것 같아요. 성격이 정반대라서 그런 것 같기도 하고요.

성격이 정반대인 사람을 만나야 할까요?
bon 성격이 정말 달라서 사실 처음에는 꽤 힘들었어요. 서로를 인정하기까지 참고 견뎌야 하는 시간이 필요했죠.
pon 저희는 서로 부딪히면서도 끝까지 대화를 했어요. 시간이 얼마나 걸리든 계속해서 이야기하고 생각을 나누는 걸 포기하지 않았어요.
bon 그리고 저희는 다른 지역에서 와서 기댈 곳이 없었어요. 싸워도 돌아갈 곳이 없으니까 대화하며 화해할 수밖에 없었죠.

힘들어도 두 분에게는 서로뿐이라는 생각이 있었나 봐요.
bon 어찌 됐든 우리 둘이 한 몸이다. 서로의 부족한 부분을 채워준다고 생각했어요.

한국에서는 아이 때문에 이혼하지 않고 산다는 말이 있어요. 실제로 황혼 이혼도 많아지고 있고요. 일본은 어떤가요?
pon 일본에서도 남편이 정년퇴직 하고 집에만 있으면 싫어하는 아내가 많아요(웃음). 그건 아마 긴 시간 동안 아이에게만 집중해서 부부 둘 사이를 중요시하지 않았기 때문인 것 같아요. 서로에게 신뢰라는 게 있다면, 아무리 남편이 바쁘더라도 혹은 아이가 독립해서 둘이 되더라도 그렇게 되지는 않을 거예요.

두 분은 그렇게 바빴는데도…!
pon 바빠도 헤어지고 싶진 않았어요. 역시 서로를 사랑하고 있으니까. 그런 느낌이네요.

사랑한다는 확신은 어디서 오는 걸까요?
pon 글쎄요. '나는 이 사람밖에 없다'라는 마음 같은 것 아닐까요?
bon 젊었을 때의 저는 아내에게 '일 때문에 바쁜 거니까 어쩔 수 없잖아'라는 식이었어요. 그렇게 얘기하면서 저 자신

도 괴로웠지만요.

보통 그러면 이혼하자는 얘기가 나오기도 하잖아요.
pon 그래도 싫어지진 않았어요. 남편이 바쁜 것과 사랑하는 건 별개였거든요.
bon 고맙네요(웃음). 제가 완벽한 사람이라고 생각하지 않았어요. 부족한 게 많아서 자신이 없었기 때문에 열심히 했어요. 이 사람이 곁에 없으면 내가 큰일 나겠구나 싶고, 이 사람을 신뢰하는 부분이 많았죠. 그런 게 애정으로 표현된 게 아닐까 싶어요.

부부가 싸우는 건 보통 내가 옳다고 생각하기 때문인데, 두 분은 그렇지 않았던 것 같아요.
pon 스스로를 완벽하다 생각하지 않았거든요.
bon 성격이 달라서 서로에게 없는 점을 상대가 가지고 있다고 생각했어요.

같이 보내는 시간이 정말 적었는데, 둘만의 시간이 많아져서 낯설진 않았나요?
bon '뭐지 이건?' 하는 감정 같은 건 없었어요(웃음).
pon 함께 있으면 가장 편해요. 둘이 있을 때 대화를 많이 하냐고 하면, 그건 또 아니거든요. 서로 별 대화가 없어도 함께 있는 게 가장 편하고 좋아요. 보통은 각자 자기가 하고 싶은 일을 하죠. 저는 컴퓨터를 하고, bon은 TV를 본다든지요.

보통 젊은 시절에는 육아와 회사에 집중하다가 나이 들면 다시 둘만의 생활을 하는데요. 신혼 때와 지금을 비교했을 때 다른 점은 무엇인가요?

pon 예전 같은 뜨거움이나 정열은 없죠(웃음). 확실히 온도 차가 있어요.

bon 신혼 시절의 '두근두근'은 없어요. 그런데 두근거림에는 일종의 불안도 있거든요. 그때는 우리 사이에 대한 불안이라든지, 미래에 대한 기대와 불안이 함께 있었죠. 나이를 먹고 나니 이제 두근거림은 없어요. 아마 온도 차겠네요. 그걸 제외하면 똑같을지도 모르겠어요. 물론 지금도 불안은 있어요. 병에 걸리면 어떡할까, 이런 거요. 그래도 지금은 예전보단 미래가 어떻게 될지 보이는 것 같아요.

한국도, 일본도 점점 젊은 사람들이 결혼을 꺼려 해요. 결혼을 '나다움을 포기하고 나를 희생하는 일'이라고 생각하기 때문인데요. 두 분이 생각하는 결혼의 장점과 단점은 무엇인가요?

bon 장점은 역시 혼자보다 둘이서 뭐든 할 수 있다는 거 아닐까요?

pon 마음이 든든해진달까요. 나를 지지해주는 사람이 있으니까요.

bon 단점은, 글쎄요… 이혼을 안 해봐서(웃음). 단점은 딱히 모르겠네요. 아 그런데, 결혼에 있어 자신을 희생한다고 생각하면 안 되는 것 같아요.

pon 나의 부족한 부분을 상대가 채워준다고 생각하면 희생이 아니라 상대의 좋은 점을 본받게 되거든요.

그럼 좋은 배우자란 어떤 사람일까요?
pon 궁합이 잘 맞는 사람이라고 생각하는데요. 저는 감정이 안정된 사람이 좋아요. 제가 감정적이라서요(웃음). bon은 어떤 상황에서든 온화한 사람이었어요.

bon 감정 기복이 있는 사람은 재밌어요. 에너지가 넘쳐서 뭐든 열심히 하고요. 열심히 하면 뭐라도 되는구나, 하는 점을 배우거든요. 저도 그럴 수 있으면 좋겠다 싶어지기도 하고요. 저는 결혼을 하지 않았다면 평범한 샐러리맨으로 살았을 거예요. 패션에도 관심을 두지 않고, 밖에도 잘 안 나가고, 소통도 하지 않고요. pon을 만나서 생활이 완전히 달라진 거죠.

두 분은 함께 하는 것들이 많잖아요. 미술관이나 아티스트 공연도 같이 가고요. 취미가 같은 게 결혼생활에 도움이 될까요? 두 분처럼 성격이 정반대일 때, 공통의 취미를 갖기 위

한 팁을 주실 수 있나요?

pon 그럼요. 즐거운 걸 둘이서 같이 즐기는 거니까요. 일단 한 명이 '이게 보고 싶어! 같이 갈래?' 하면 상대방이 '난 됐어.'라고 하지 않고 '나도 같이 가볼까?'라고 응해주는 마음이 중요하죠.

bon GLAY라는 일본의 록밴드는 아이들이랑 아내만 좋아했어요. 공연을 보러 갈 때 저는 운전사로 가서 데려다주고 주차장에서 기다렸거든요. 근데 함께 가보자고 하길래 가봤더니 꽤 재밌더라고요.

pon 맞아요. 해보지 않으면 모르잖아요. '나도 한번 해보자!'라는 생각이 중요한 것 같아요.

두 분에게 시간이란 어떤 의미인가요?

pon 굉장히 괴로운 일이 있어도 시간이 다 해결해준다는 생각을 해요. 그게 시간의 좋은 점 아닐까요?

bon 나이를 먹고 나서야 스스로만을 위해서 시간을 쓸 수 있게 됐다는 생각이 들어요. 그 점이 행복해요.

pon 하루하루가 얼마 남지 않았다는 생각이 들어서 너무 소중해요. 그래서 하루하루를 재밌게 보내자고 생각해요. 시간은 무한한 게 아니니까 더 소중하게 써야 하죠.

'60대 SNS 스타' 본폰 부부

한국의 경우 사람들이 기대하는 퇴직 연령은 보통 57세쯤인데 실제 퇴직 연령은 평균 47세라고 해요. 너무 빨라서 사회적 문제가 되고 있어요. 실제 퇴직이 10년은 빠르다 보니 전혀 준비가 안 되어 있죠. 그들에게 어떻게 시간을 활용하는 게 좋겠다는 조언을 해줄 수 있을까요?

bon 40대면 아직 젊은데, 큰일이겠네요. 제가 그런 상황이었다면, 아이를 위해 돈을 쓸 것밖에 생각하지 못하고, 정작 저의 미래는 생각할 여유가 없을 것 같아요. 우선 둘이서 사이좋게 보내는 수밖에 없지 않나 싶네요. 돈은 별개로 치고요. 부부 둘 중에 한 명은 먼저 세상을 뜨게 되잖아요. 둘 중에 누가 먼저 가더라도, 혼자서 생활할 수 있게 준비해야 하지 않을까요. 아내가 먼저 죽었는데 요리 하나도 제대로 못하면 안 되잖아요. 그건 돈이 없어도 준비할 수 있는 부분이니까요.

pon 어떻게든 살아갈 스킬을 배워야겠죠.

그렇다면 퇴직 후 생활을 즐겁게 할 수 있는 팁은 무엇일까요?

bon 커뮤니케이션! 회사 생활이 끝나면 사회와의 관계가 끊기니 이웃과의 커뮤니케이션이 중요한 것 같아요. 새로운 커뮤니케이션 채널을 만드는 것이 필요해요. 내가 혼자가 됐을 때 이웃이 내게 도움을 줄 수도 있잖아요.

pon 긍정적으로 생각하는 것도요. 뭐든 부정적이면 안 되는 것 같아요.

앞으로의 생활을 어떻게 꾸려나가고 싶나요? 두 분의 꿈이나 계획을 말씀해주세요.

pon 가능하다면 지금처럼 살고 싶어요.
bon 저희에게는 커뮤니케이션하는 좋은 이웃이 있어요. 인스타그램 덕분에 말 걸어주는 사람도 많고요. 그래서 행복해요. 하지만 중요한 건 우리가 그 사람들의 생활에 너무 깊숙이 들어가지는 않는다는 거예요. 적당한 거리를 유지하면, 내가 힘들 때 이들이 도와주겠구나, 하는 생각이 들어요. 서로가 조심해서 그 정도의 거리를 유지해요.

그런 거리를 유지하기 위한 룰이 있을까요?

bon 너무 사적인 것들은 깊게 묻지 않는 거죠. 상대방이 도움이 필요하다면, 저희에게 요청할 거예요.
pon 센다이에 지진이 일어났을 때 이 아파트에 사는 이웃분들이 단결해서 서로 도왔거든요. 이 아파트는 여러 이벤트도 하고 커뮤니케이션이 잘 되는 편인 것 같아요. 그걸 잘 모르고 이사 왔지만, 정말 잘 된 일이죠.

10년 후의 두 분에게 해주고 싶은 말이 있나요?

pon 지금 이대로만 살고 있으면 좋겠네.

bon 변함없이, 가능하면 건강하게. 10년 후에도 자기 자신의 힘으로 걸을 수 있으면 좋겠네.

pon 그게 누구든, 둘 중 하나만 아파도 상황이 변해버리니까 둘 다 건강했으면 해요.

bon 시간활용 능력 테스트

1. 은퇴라는 단어를 들으면 떠오르는 이미지는 무엇인가요?
✓A 여유와 활력 B 우울과 두려움

2. 은퇴 후 시간활용 계획이 있나요?
✓A 있다 B 없다

3. 최근 6개월 이내 우울감이나 불면증을 느낀 적 있나요?
✓A 없다 B 있다

4. 좋아하는 취미나 수강 중인 강좌가 있나요?
✓A 있다 B 없다

5. 최근에 새로운 그룹이나 친구, 만남을 가진 적 있나요?
✓A 있다 B 없다

6. 갑작스러운 휴일이 주어지면 여행이나 휴식 외 하고 싶은 게 있나요?
✓A 있다 B 잘 모르겠다

7. 당신은 자신이 어떤 사람인지 알고 있나요?
✓A 어느 정도 알고 있다 B 아직 잘 모르겠다

8. 당신은 현재 삶에 만족하나요?
✓A 만족 B 불만족

점수 _____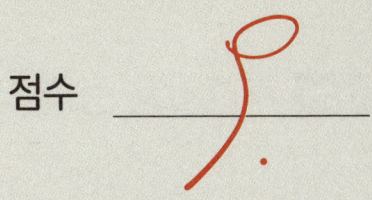

9. 하루 24시간 중 당신이 직접 계획하고 행동하는 시간은 얼마나 되나요?
A 3시간 이상 B 3시간 미만

10. 지금보다 더 만족스러운 삶을 살 수 있다고 믿나요?
A 아니다 B 그렇다

결과

총점 10~8점
당신은 시간활용의 달인이 될 가능성이 높습니다!

총점 7~4점
주인인간으로 살기 위해서는 지금부터 준비해야 합니다!

총점 3점 이하
퇴사/은퇴 후가 걱정되네요.
시간활용 능력에 대해 고민해보세요.

pon 시간활용 능력 테스트

1. 은퇴라는 단어를 들으면 떠오르는 이미지는 무엇인가요?
~~A~~ 여유와 활력   B 우울과 두려움

2. 은퇴 후 시간활용 계획이 있나요?
~~A~~ 있다   B 없다

3. 최근 6개월 이내 우울감이나 불면증을 느낀 적 있나요?
~~A~~ 없다   B 있다

4. 좋아하는 취미나 수강 중인 강좌가 있나요?
~~A~~ 있다   B 없다

5. 최근에 새로운 그룹이나 친구, 만남을 가진 적 있나요?
~~A~~ 있다   B 없다

6. 갑작스러운 휴일이 주어지면 여행이나 휴식 외 하고 싶은 게 있나요?
~~A~~ 있다   B 잘 모르겠다

7. 당신은 자신이 어떤 사람인지 알고 있나요?
~~A~~ 어느 정도 알고 있다   B 아직 잘 모르겠다

8. 당신은 현재 삶에 만족하나요?
~~A~~ 만족   B 불만족

점수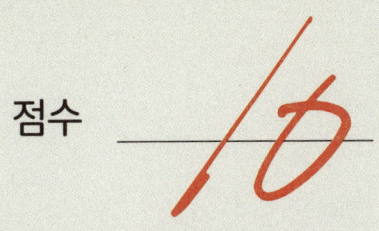

9. 하루 24시간 중 당신이 직접 계획하고 행동하는 시간은 얼마나 되나요?
A 3시간 이상 B 3시간 미만

10. 지금보다 더 만족스러운 삶을 살 수 있다고 믿나요?
A 아니다 B 그렇다

결과

총점 10~8점
당신은 시간활용의 달인이 될 가능성이 높습니다!

총점 7~4점
주인인간으로 살기 위해서는 지금부터 준비해야 합니다!

총점 3점 이하
퇴사/은퇴 후가 걱정되네요.
시간활용 능력에 대해 고민해보세요.

시활의 달인 1   : bonpon511 부부처럼

천천히 느긋하게
그러면서 단단하게

'패션 인플루언서'
'인스타그램 팔로워 82만 명'

이 정보만으로도 부러움이 밀려오게 만드는 이들은 일본 최고의 SNS 스타 bonpon511이다. 남편의 별칭 'bon'과 아내의 별칭 'pon' 그리고 이들의 결혼기념일 '511'을 합쳐 인스타그램 계정을 만들었다. 딸의 권유로 인스타그램을 시작한 백발의 노부부가 간소하게 링크 코디로 맞춰 입고 올리는 사진에 전 세계 사람들이 그들의 팬이 되었다.

bonpon511 부부는 이미 국내에서도 여러 미디어를 통해 소개되었다. '20대보다 뛰어난 패션', '링크 코디', '세컨드라이프' 이 부부를 소개할 때 쓰는 가장 흔한 표현이다. 그러나 이들을 단지 패션 스타일로만 설명하기에는 한참 부족하다. bonpon511 부부는 패션 감각을 넘어서 자신에게 주어진 삶과 시간을 운용하는 탁월한 시간활용 감각을 지녔다. 이 점이 퇴직 후의 삶을 살아가는 여느 부부들과 가장 다른 점이다.

보통 퇴직 후에는 '그동안 하고 싶었지만 못 했던 것을 실컷 해야지' 하는 추상적인 희망 사항을 갖는다. 이들은 달랐다. '회사인간'으로서의 생활을 정리하기 3년 전부터 구체적으로 차근차근 퇴직 후의 삶을 준

비하고 실현했다. 가장 먼저 살림과 세간살이를 줄였다. 가진 돈이 얼마 있고 어떤 수준으로 생활하겠다는 계획을 세운 다음 어느 동네에서 어떤 집에 살지를 정했다. 원래 살던 시골의 주택을 처분하고, 교통이 편리하면서도 문화생활을 더 잘 누릴 수 있는 지방 소도시 역 주변의 훨씬 작은 아파트로 이사한 것이다. 필요한 것만 솎아 내다 보니 자연스레 가장 소중한 물건만 남았다.

bonpon511 부부는 남들처럼 나이 들어 고향으로 돌아가는 것이 아니라, 낯설지만 새로움으로 가득한 곳에서 좋은 이웃을 만들고 어린아이 같은 호기심으로 매일매일의 시간을 채워간다. 그들을 유명하게 만든 인스타그램도 부부의 호기심 놀이 중 하나일 뿐이다. 인기가 있다고 SNS 스타로서의 의무감으로 사진을 올리진 않는다. 하고 싶으면 하고, 피곤하면 쉰다. 이들에게 인스타그램은 즐거움과 소소한 수입까지 만드는 중요한 수단이지만 이로 인해 결코 자신들의 일상이 방해받거나 마음의 평화가 흔들리게 놔두지 않는다.

우리에게 주어진 시간은 한정되어 있다. 그래서 무엇을 줄이고 무엇을 늘려 시간을 채울 것인가가 중요하다. bonpon511 부부는 소유하는 물건을 줄이고, 부부가 함께하는 즐거운 시간은 늘렸다. 인스타그램 속 귀엽고 행복해 보이는 부부의 사진 뒤에는 이들의 시간활용 비결이 숨어 있다.

'밤에는 화가'
박태후

누 뜨 제

40여 년 전 뿌린 씨앗으로 1만 평이 넘는 개인
정원 '죽설헌'을 만든 박태후. 그는 20년간 낮에는
공무원 생활을 하며 밤에는 그림을 그려 화가가
됐다. 어쩌면 그가 수십 년 동안 뿌리고 그린 건
씨앗과 그림이 아니라 자기만의 시간일지도 모른다.

씨앗으로 숲을 창조한
시간의 승부사

안녕하세요. 선생님이 직접 자신을 소개한다면 어떻게 소개하실까요?
안녕하세요. 저는 프로스트의 시 〈가지 않은 길〉을 좋아하며 한평생 정원에 미친 사람, 그리고 그림 그리는 환쟁이라고 할 수 있겠네요.

원예고등학교에 입학하면서 자연스레 꽃과 나무를 알게 되고 좋아하게 됐다고 들었습니다. 보통의 스무 살은 자기에게 주어진 환경을 벗어나고 싶어 합니다. 도시로 향하죠. 꽃과 나무의 어떤 점이 좋으셨나요?
어렸을 때의 환경이 중요한 것 같아요. 저는 시골에서 자랐기 때문에 꽃과 나무가 자연스럽게 느껴졌어요. 그리고 원예고등학교가 다행스럽게 우리 지역에 있었어요. 고등학교를 갈 때 집이 정말 어려웠거든. 사실은 나무도 가정형편이 어려워서 길렀던 거예요. 그걸 팔아서 학비를 마련해야 해서요. 학교에서는 이것저것 실습이 많았어요. 대부분의 학생들이 그런 걸 싫어했지… 그런데 저는 그게 다 좋았어요.

10대 때 나무를 팔아서 학비를 마련했다는 게 잘 상상이 안 돼요. 그럼 나무가 사실 생업의 수단이었다는 거잖아요. 저라면 보기만 해도 지긋지긋했을 것 같아요.

선택의 여지가 없었어요. 내게 이복형이 있어요. 아버지는 형 하나만 제대로 교육시키면 밑에 동생들도 알아서 잘 살 수 있을 거라고 생각했지. 형을 서울로 대학 보내고 집안의 지원도 모두 형에게 집중됐어요. 그러다 집안이 기울었는데 내가 도시로 나가 돈을 벌겠다는 생각은 못했어요. 시골에서 농사짓는 게 좋기도 했고…. 그냥 시골에서 나무를 키우고 산에서 종자 따오고 하는 생활을 숙명처럼 자연스레 받아들인 거예요. 고등학생이 나무를 키우고 산에서 종자 따오고 했다면 다들 '아니 어떻게 고등학생이 그런 생각을 해?' 하는데 사실 대단한 게 아니에요. 단지 저에게 그런 여건이 주어졌는데 다른 방법이 없으니 부정하기보단 적응하는 걸 택한 거죠.

선생님이 40여 년 동안 만들어 온 죽설헌은 큰 규모와 우리나라 전통 정원이라는 면에서 보기 드문 개인 정원입니다. 이렇게 큰 규모의 정원을 미리 계획하신 건가요? 죽설헌은 왜 만드셨나요?

아니죠. 완벽하게 0에서 시작한 거예요. 여기 소나무만 빼고

100% 제가 다 종자를 뿌려서 가꾼 나무들이에요. 지금의 모습을 미리 상상해본 적은 없어요. 부모에게 한 평도 물려받지 않고 완전히 무에서 시작했죠. 고등학생 때 학비와 생활비를 마련하기 위해, 돈을 만질 수 있었던 묘목을 재배해 팔아야 했어요. 그때는 다들 국산은 생각도 안 했어요. 무조건 외국에서 들여온 게 최고라고 생각했죠. 저는 그런 것들을 살 수 없어 산에서 야생 묘목들을 가져다가 심은 거예요. 처음에는 땅 주인들에게 일 년에 얼마씩 사용료를 내고 나무를 심어서 길렀어요. 그러다 돈을 벌면 조금씩 땅을 사서 가꾸고, 또 돈 모아 땅 사서 가꾸고 그런 생활을 반복한 거죠. 하다 보니 나무가 굉장히 좋고, 정원 만드는 재미가 좋더라고요. 고등학생 때는 오로지 생계를 위해서 시작한 일인데 그 뒤로는 좋아서 한 거죠.

죽설헌은 프랑스 화가인 모네의 정원과 비교되기도 하는데요. 어떻게 생각하세요?

모네를 보고 정원을 만든 건 아니에요. 어려웠던 집안 환경 때문에 나무를 키우면서 자연스럽게 조금씩 정원을 이루게 된 것인데 어느 날 모네도 정원을 가꾸었다는 걸 알게 됐어요. 제 눈으로 직접 확인하고 싶어 10여 년 전 프랑스도 다녀왔어요. 모네가 쉰세 살에 일본식 정원을 만들었더군요. 그런데 재미있는 사실은 모네는 당시에 복권에 당첨되어 정원사를 2~3명 고용하고 정원도 만들 수 있었다는 거예요. 따지고 보면 화가나 예술가가 성공한 다음에 돈을 들여 정원을 만드는 경우는 있지만 저처럼 아무것도 없는 상태에서 처음부터 만든 경우는 없어요. 그런 걸 보면서 열심히 하면 제가 죽고 난 다음에 이곳 나주에 작은 이야깃거리가 만들어지겠다는 확신이 들었어요. 그래서 더 열심히 죽설헌을 만들게 됐어요. 지금 저는 직업이 완벽하게 50 대 50으로 두 개예요. 화가이면서 조경가죠. 그런데 그게 분리된 게 아니라 그 둘이 하나예요. 저한테는 그림이나 조경이나 같아요. 낮에 산책하고 휴식하며 저녁에 그림 그리는 게 합쳐져야 제가 되니까요.

선생님이 가꿔오신 죽설헌은 한국식 정원이라고들 하는데요. 우리나라 정원의 특징은 무엇인가요?

가만히 보니깐 우리나라 정원의 90% 이상이 다 일본식이에요. 아무래도 아픈 역사가 있으니까요. 그리고 남은 열 개 중에 아홉 개는 서양식이고요. 한국식은 1%나 될까요? 일본식은 자연의 축소예요. 자연을 축소해서 자기 정원 안에 두는 거죠. 서양식은 자연의 정복이고요. 넓은 토지에 나무와 꽃을 쭉 심고 자연보다 자신들이 우월하다는 걸 즐기는 거예요. 우리식은 자연과의 조화예요. 자연에 그대로 쏙 들어가서 있는 그대로 호흡하는 거죠. 나무에 손을 대지 않아요.

'밤에는 화가' 박태후

죽설헌은 한마디로 한국 정원을 지향하는 자연 정원이에요. 나는 나무를 심은 후에는 전부 가만히 놔둬요. 자연 그 자체를 존중하죠. 그렇게 적자생존, 강한 놈만 살아남고요. 우리 집에 있는 나무들은 주변에서 볼 수 있는 아주 흔한 것들이에요. 그런데 다들 우리의 것은 알아주지 않잖아. 주변의 흔한 것은 절대 알아주질 않아요. 사실 흔하다는 것은 경쟁에서 잘 살아남는다는 말이거든. 흔한 것이 가장 귀한 거예요.

우리 주변의 가장 흔한 것들이 사실은 귀한 것이라는 말씀이 인상적이네요. 꼭 정원에 국한된 말은 아닌 것 같아요.
어떤 분야든 한 분야를 오래 하게 되면 보이는 게 있어요. 가장 흔하다는 게 뭘까요? 결국 생존력이 강하다는 거예요. 우리가 너무 자주 봐서 무시하는 식물들이 사실 강한 녀석들이라는 말이죠. 사람도 마찬가지입니다. 저도 젊었을 때는 소중한 사람을 멀리서 찾았는데 여하튼 제게 가장 귀한 사람들은 바로 옆에 있는 사람들이더군요. 저를 알고, 가까이 있는, 생각을 나눌 수 있는 사람들.

죽설헌에 찾아오는 분들이 많다고 들었어요. 선생님처럼 좋아하는 정원을 가꾸거나 그림을 그리며 살고 싶은 분들이 많을 것 같은데 어떤 이야기를 나누나요?
저는 공무원 생활을 20년 채우고 퇴직했어요. 20년 동안은 가장으로서 처자식을 먹여 살리는 데 최선을 다했어요. 그리고 공무원 연금을 통한 기본 생활 조건을 만들고 과감하게 퇴직했죠. 퇴직 이후로는 정원과 그림에 충실하고 싶었거든요. 저를 찾아오는 사람들이 거의 50~60대예요. 최소한의 기본 생활은 되는 분들이죠. 다들 저처럼 앞으로 자기가 하고 싶은 걸 하면서 살고 싶은데 고민된다는 거예요. 저는 당신이 생각한 게 있으면 과감하게 추진하라고 해요. 그렇게 해본 다음에 나중에 나랑 차 한잔하자고 말하는데요. 아직까지 찾아온 사람이 없어요. 그만큼 쉽지가 않다는 거죠. 저는 절대 내일로 미루지 말라고 해요. 그런데 막상 시도하는 사람은 별로 없어요. 요즘 장례식장에 갈 일이 종종 생기는데 영정사진을 보면 마음이 복잡해요. 저 사진 속에 제가 있을 수도 있는 거니까요. 그걸 딱 보는 순간, 내가 어떻게 살아야 할 것인가 답이 나와요. 삶이 어떻게 될지 모르니 지금 해야 한다고 생각해요. 시간은 금방 가거든요. 마음 먹었을 때 하지 않고, 내일로 미루면 훌쩍 지나가버려요. 그리고 지금은 100세 시대라고 하잖아요. 50세라고 해봐야 겨우 절반이거든요. 뭐든 할 수 있어요.

그분들은 왜 선생님처럼 자신의 삶을 살지 못할까요?
그동안 그렇게 안 살아봤으니 새로운 선택이 두려운 거죠. 어차피 한 번 사는 거잖아요. 그동안 경제적인 여건이나 다른 이유로 직장 생활과 하고 싶지 않은 일을 하면서 살았다면 퇴직 이후로는 나를 위해 내가 하고 싶은 것을 하며 과감하게 사는 것을 추천해요. 내가 그렇게 살아봤는데 나쁘지 않더라고.

마흔두 살까지 공무원 생활을 하고 퇴직하셨어요. 여러 직업 중 공무원이 된 이유는 뭔가요?

현실적인 문제 때문이었죠. 군 제대할 때쯤 직업을 가져야 하잖아요. 안정적인 공무원이 되기로 한 거예요. 농촌지도직과 행정직 두 개 모두 붙은 상태에서 발령까지 시간이 있어 그림을 배우고 지냈어요. 다들 행정직이 편하고 좋다는데 저는 농민들과 함께하는 게 좋아 보였어요. 그래서 농촌지도직을 선택해서 공직 생활을 시작했죠.

낮에는 공무원 생활, 밤에는 그림을 그렸다고 들었어요. 그림은 언제부터 좋아하셨나요?

그림은 어릴 때부터 좋아했어요. 중학교 때까지는 만화를 정말 좋아해서 책가방의 절반이 만화책으로 차 있었죠. 수업 시간에 책상 밑으로 몰래 만화책 보고 그랬어요. 애들이 갱지 두 장을 나한테 주면서 한 장은 너 가지고, 한 장은 그림 그려서 자기 달라고 그랬어요. 고등학교 들어가서는 또 왠지 만화가 보기 싫어지더라고. 학교에 미술부가 없으니 대신 교

내 미화 활동할 때 하는 그림을 좋아하고 그랬어요. 고등학교 졸업하고는 광주고등법원에 정원사로 들어갔는데, 말이 정원사지 하는 일은 잡초 뽑고 잡일하는 잡부였어요. 한참 자존심 세울 나이라 창피했죠. 그런 제 모습이 싫었고요. 그러다 동양화를 그리고 싶어 가르쳐 줄 만한 분을 찾아갔어요. 일주일에 한 번 주말에 그분을 찾아가 동양화를 배우고 그림을 그리게 된 거예요.

그런데 공무원 생활하면서 하루 종일 일하고 집에 돌아오면 쉬기 바쁠 것 같은데 피곤한 몸으로 그림을 그린다는 게 상상이 잘 안 돼요. 힘들지는 않았나요?

낮에는 공무원으로 일하고 밤에는 집에 돌아와 3~4시간씩 그림 그리는 생활을 20년 동안 매일 했어요. 정말 중요한 건 자기가 좋아하는 일을 하는 거예요. 그럼 피곤하지도 않고 지루하지도 않아요. 저는 정확하게 낮에는 가정을 지키기 위해 일하고 밤에는 나를 위해 일했어요. 사실 공무원으로 열심히 일하면서도 머릿속은 저녁때 집에 돌아가 그림 공부하고 싶다는 생각이 가득했어요. 미안하게도 아내 생각보다요(웃음). 대신 나는 술과 담배를 안 했어요. 퇴근하면 무조건 집으로 뛰어 가서 밥 먹고 그림 그려야 되니까. 그게 몸에 배어부렀어. 그래서 지금도 그림은 밤에만 그려요. 체질이 된 거지.

선생님 말씀을 듣다 보니, 그림만 그리는 사람에 비해 그림 그리는 시간이 짧을 수밖에 없었을 것 같아요. 다른 사람에 비해 좋은 그림을 그릴 수 없다는 불안감은 없었나요?

그런 건 전혀 없었어요. 그냥 정신없이 그린 거예요. 화가로서 인정받으려면 공모전에 당선되어야 하니깐 오로지 그 생각뿐이었죠. 남과 비교하고 그럴 생각도, 정신도 없었어요. 아무것도 안 하고 계획만 할 때 불안한 거지, 열심히 하고 있을 때는 딴생각할 겨를이 없잖아요. 공모전이 끝나면 다들 조금씩 쉬어요. 그걸 위해 열심히 달려오니 좀 지치기도 하죠. 하지만 저는 공모전이 끝나도 다음날 바로 다시 그림을 그렸어요. 남들보다 늦게 시작하기도 했고 그림 그릴 시간이 많지 않았으니까요.

그런데 공모전에 여러 번 떨어지셨어요. 떨어질 때마다 그림을 계속 그려야 하나 고민되지는 않았나요?

미술판도 사람 사는 동네라 어느 정도 썩은 부분이 있어요. 출품한 사람의 스승이 누구냐에 따라 당선이 갈리는 일이 있죠. 저는 연고가 없어 매번 낙방했어요. 당시에는 결과를 보고 좌절하기보다는 미술판의 현실에 화가 났어요. 그런데 참 인생에는 다 길이 있더군요. 어느 날 이런 문제점에 대한 공감대가 형성되고 공모전에서 정말 그림만 보고 뽑아보자는 걸로 바뀌었어요. 그러자 바로 보란 듯이 당선됐죠. 제가 분명히 어떤 사람이든 자기가 좋아하는 게 있어요. 깊이 이것저것 생각하는 것부터 잘못됐어요. 자주 그러면 여러 가지 변수를 고려하게 되거든요. 본능적으로 좋아하는 걸 찾으세요. 좋아하는 거 하며 행복하게 살아야죠.

'밤에는 화가' 박태후

두 번째

틀리지 않았다는 걸 스스로 입증한 거예요. 당선 후에 미술계가 난리였어요(웃음). 이 화가가 어디서 온 누구인지, 누구 제자인지 궁금해했죠.

인생이라는 게 참 신기해요. 계속 안될 것 같다가 잘되기도 하고, 마냥 잘될 것 같다가도 한순간에 나락으로 떨어지기도 하고.
돌아보면 저도 삶의 갈림길이 몇 번 있었던 것 같아요. 처음에는 고등학교를 졸업하고 광주 교대에 가려고 했어요. 집에 돈이 없어서 갈 수 있는 대학교가 많이 없었어요. 공부를 정말 열심히 했는데 결국 낙방했죠. 당시에는 너무 아쉬웠어요. 그런데 지금 생각해 보면 그때 붙었으면 지금껏 선생님으로 살았을 텐데 지금 제 삶보다 재미없었을 것 같아요. 그래서 다행이라는 생각도 들어요. 삶은 모르는 거 같아요. 그때는 절망적이고 아쉬웠던 결과가 지금은 아무렇지 않고 오히려 다행으로 느껴지잖아요. 저뿐만 아니라 지나고 보면 누구나 그런 순간들이 있을 거예요.

공직 생활 20년 후 마흔두 살에 바로 사표를 던졌는데 그때 심정이 궁금해요. 다른 사람보다 이른 나이에 퇴직한 것인데 미래에 대한 두려움은 없었나요?
일단 공무원 연금을 받을 수 있었고요. 마흔두 살까지는 가족을 위해 열심히 살았잖아요. 그 뒤로는 제 그림에 더 전념하고 싶었어요. 그때 우리 큰애가 중학교에 입학했을 때예요. 저는 뭐 그렇다 치고 아내는 걱정할 만도 한데 그냥 먹고는 살겠지 하면서 응원해줬어요.

밤에 그린 그림을 낮에 찢는다고 들었어요. 한때는 그림으로 아궁이에 불을 때서 밥을 해 먹을 정도로 버리는 그림이 많았다고요.
공무원 생활하면서 밤에 그림 그리는 게 습관이 됐는데 형광등 아래서 그림을 보면 색이 좀 달라요. 낮에 밝은 빛에 비춰보고 마음에 안 드는 건 찢는 거죠. 엄청나게 찢어 버렸어요. 거의 90%. 지금은 점점 제 스타일이 완성되어 가니까 버리는 게 줄고 있죠. 동양화나 서양화는 자꾸 덧씌우잖아요. 한국화는 한 번 그으면 끝이에요. 잘못 그렸다고 덧씌우고 그러면 다 티가 나요. 검객이 단칼에 승부를 내는 것과 같죠.

가장 한국적이면서 박태후다운 정원, 박태후다운 그림을 지향한다고 들었습니다. 박태후다운 정원과 그림은 어떤 걸까요?
젊었을 때 배낭여행을 갔는데 가장 한국적인 게 세계에서 통한다는 걸 깨달았어요. 한국적인 걸 바탕으로 박태후다운 게 뭔지 고민하고 있어요. 나다운 건 그냥 나다운 거죠. 그걸

'밤에는 화가' 박태후

'밤에는 화가' 박태후

찾는 게 중요하고요. 세계로 따지면 화가가 얼마나 많겠어요. 그들과 경쟁해야 하는데 살아남으려면 확실한 자기 목소리가 필요해요. 일단 저는 인위적인 게 싫어요. 정원도 그대로 두고요. '그냥 너희 맘대로 커봐라.' 그런 마음으로 내버려 두는데 그러다 숲이 되는 거고요. 죽설헌에는 인위적인 게 거의 없어요. 숲을 만들고 나니 근처에 갈 곳이 없던 새들이 죽설헌에 모여 노래해요. 이런 건 예상치 못한 최고의 선물이죠. 새들을 불러 모으기 위해 죽설헌을 만든 건 아니니까요.

박태후다운 걸 찾기 위해 고민이 많으셨을 것 같아요.
동양화, 한국화에서 가장 큰 문제가 스승한테 배운 것을 그대로 따른다는 거예요. 도제식 교육을 통해 배운 것을 자기 것으로 만들기 위한 고민이 부족해요. 그래서 한국화가 굉장히 쇠락해 있어요. 저도 스승한테 배웠지만 제 스승은 한 사람이 아니라 여러 사람이에요. 중국 대가들의 그림도 보고, 전국의 대단한 사람들의 그림도 분석하고요. 그런 과정에서 제 걸 찾기 위해 고민해왔어요. 글씨로 따지면 추사체가 독보적이지만 그건 추사 한 사람으로 끝내야 하는 것과 마찬가지죠. 저는 박태후체를 찾아야 하고요.

선생님은 마흔두 살에 퇴직을 하고 본격적으로 정원과 그림 두 가지에 매진했어요. 선생님께 퇴직은 어떤 의미인가요?

완전히 새로운 출발. 너무 간단한가요? 그리고 아침에 출근 안 하고 늦잠 잘 수 있어서 행복한 시간이 되겠네요(웃음).

많은 사람이 퇴직 이후를 걱정해요. 사회에서 쓸모없는 인간으로 인증받은 것 같은 기분이 들기도 하니까요. 그런 분들에게 해주고 싶은 말이 있나요?
저희 집에 찾아오는 사람 중에는 평범한 사람도 있지만, 우리가 소위 말하는 성공한 사람들도 많아요. 검사, 판사, CEO 같은 사람들 말이죠. 우리 집에 와서 편안하게 차를 마시다가 속에 있는 마음을 내밀어요. '원래 내가 다른 걸 하고 싶었는데…', '아버지가 어딜 보내서…'라는 말들이요. 그럼 저는 속으로 그래요. '아 당신은 실패했구나… 실패한 인생을 살았구나.' 다른 사람 눈으로 볼 때는 성공한 거지만 정작 자신은 자기 삶을 후회하고 있잖아요. 이런 분들이 퇴직 이후라도 자기 삶을 살며 행복하길 바라요.

그런 분들이 퇴직 후에 자신의 삶을 살려면 무엇이 필요할까요?
확실한 자기 소신이 있어야 해요. 퇴직에 가까운 사람들은 기본적으로 최소한의 경제적인 것은 준비되어 있을 거예요. 돈이 없어서 못 하는 건 아니에요. 퇴직한 사람들이 다시 더 많은 돈을 벌기 위해, 남의 이목을 만족 시키기 위해 사는 건

잘못된 거라고 생각해요. 그건 욕심이죠. 그냥 누구나 자신이 정말 좋아하는 것이 있을 거라고 생각해요. 그전에는 어쩔 수 없이 가족을 위해, 누군가를 위해 열심히 살아왔다면 퇴직 후에라도 자신을 위해 살았으면 좋겠어요. 그런데 다들 너무 남의 눈을 의식해요. '이 나이에 내가 이걸 하면 어떻게 생각할까?' 그 고민에 빠져 시도를 못 하죠. 그리고 또 의외로 많은 사람이 돈을 더 벌려고 해요(웃음).

그런데 자신만의 분야는 어떻게 찾을 수 있을까요? 대부분 자기가 무엇을 해야 하는지 모르고 살잖아요.
깊이 생각하면 안 돼요. 분명히 어떤 사람이든 자기가 좋아하는 게 있어요. 깊이 이것저것 생각하는 것부터 잘못됐어요. 자주 그러면 여러 가지 변수를 고려하게 되거든요. 본능적으로 좋아하는 걸 찾으세요. 좋아하는 거 하며 행복하게 살아야죠.

선생님의 이런 철학은 자식 교육에도 이어지나요? 자식들이 자기 소신을 갖고 살 수 있도록 어떻게 돕고 있나요?
제가 아내랑 큰 의견 차이가 없었는데 자식 교육에서는 충돌이 좀 있었어요. 아내의 경우 아이들에게 피아노, 태권도 같은 이런 가벼운 교육이라도 시켜야 한다고 생각해요. 하지만 저는 그냥 내버려두는 게 가장 좋다고 생각하거든요. 저는 솔직히 제 아이들이 화가가 됐으면 했어요. 하지만 절대 그림 그리라는 소리는 안 했죠. 자연스럽게 미술관에 데리고 가거나 크리스마스 선물로 크레파스를 사주는 식이었어요. 뭐를 하라고 시키는 순간 하기 싫어져요. 부모가 시켜서는 절대 안 된다고 생각해요. 자기가 좋아야 밤도 새고 없는 돈으로 뭐라도 해보려고 하죠. 어차피 다 자기 인생인데. 그리고 시켜서 하면 하라는 것만 생각하게 돼요. 정형화되는 거죠. 그래서 화실에도 보내고 싶지 않았어요. 다 같은 방식으로 그림을 그리게 만드니까요. 어쨌든 두 놈 다 전남대에서 한국화를 전공했어요. 재밌는 건 그중 큰 애가 결혼하고 3년 정도 되니깐 갑자기 조경이 좋다고 조경 쪽 석사 공부를 하더라고요. 내심 반가웠죠.

40년 전에 심은 나무가 울창해질 만큼 선생님도 짧지 않은 삶을 사셨어요. 선생님은 어떤 사람이라고 생각하시나요? 본인이 어떤 사람인지 얼만큼 알게 되었다고 생각하세요?
내가 나를 잘 안다? 그건 잘 모르겠어요. 다만 저 나름대로 열심히 살았다고는 생각해요. 적어도 다시 되돌리긴 싫거든요. 돌아가도 다시 못할 만큼 불태웠다고 생각하니깐 되돌아가고 싶은 마음은 없어요. 그냥 내 인생을 그림과 자연에 투자한 건 참 잘했구나 싶어요.

마흔둘까지 열심히 가정을 위해 일하고, 퇴직 이후엔 자신의 삶에 매진하는 선생님의 삶이 많은 사람에게 동경의 대상이 돼요. 선생님의 삶에서 아쉬운 시행착오는 없나요?

큰 틀에서는 후회가 없다고 했지만, 저라고 왜 시행착오가 없겠어요. 많은 실수를 통해 배운 거죠. 저는 오히려 더 경험해 봐야 한다고 생각해요. 극단적으로는 감옥에 갔다 오는 그런 최악의 경험마저 삶에 도움이 될 수도 있다고 생각해요.

어떤 경험이든 삶에 도움이 된다는 말씀이 머리로는 알 것 같은데 마음으로는 쉽게 와닿지 않네요.

가장 쉬운 예를 하나 들어 볼게요. 세상을 살아가는 데 있어 첫 번째로 하는 생각이 공부를 잘해야 한다예요. 그런데 저는 잘못된 생각이라고 봐요. 사람마다 자기 적성이 모두 달라요. 공부를 못하는데 공부만 시키면 얼마나 큰 스트레스예요. 반대로 공부만 열심히 하는 친구들은 사회를 몰라요. 고등학교 친구들 중에 공부를 잘한 친구들이 있어요. 그리고 공부보다는 연애를 열심히 한 친구들도 있고요. 지금 누가 더 잘 살까요? 연애를 열심히 한 친구들 중에 좋은 배우자를 만나 행복하게 사는 친구들도 많아요. 공부 대신 이성을 보는 눈을 키운 거죠. 인생 모르는 거예요. 어떤 경험이 어떻게 도움이 될지.

선생님은 정원을 가꾸며 활동을 많이 하셔서 그런지 젊고 건강하게 느껴져요. 그런 선생님도 나이가 들었다는 걸 느끼시나요?

그럼요. 제가 쉰다섯부터 인생을 정리하며 유서를 써왔어요. 앞으로 50년을 더 살지, 당장 어디 여행 가다 사고로 죽을지 모르잖아요. 특히 쉰이 넘어가면서 스스로 나이 들었다는 걸 느껴요. 운동을 굉장히 좋아하고 잘했는데 항상 하던 것들이 어느 순간 안되더라고요. 유서를 쓰면 나의 삶을 조금 더 진지하게 살 수 있어요. 연말이 되면 조금 수정을 해서 세 부를 작성해요. 한 부는 제가 갖고, 한 부는 절친한 변호사에게 줘요. 나머지 한 부는 친구에게 주고요. 그 안에는 제가 죽고 없을 때 죽설헌을 어떻게 유지할 것인지 방법에 대한 것도 있어요.

선생님은 특히 언제 가장 행복한가요?

저는 아내랑 밥 먹고 같이 차 마실 때 가장 행복해요(웃음).

20~30대의 선생님에게 지금의 선생님이 한마디 해준다면 뭐라고 하시겠어요?

주제넘을 수 있겠지만… 자기가 좋아하는 것을 좇아 밑바닥에서부터 시작하라는 말을 하고 싶어요. 훌륭한 헤어디자이너들도 시작할 땐 바닥부터 쓸잖아요. 당장은 의미 없는 것 같아도 바닥을 쓸면서 누군가는 배우는 게 있어요. 하지만 지금 젊은 세대에게 이런 조언을 하고 싶지는 않아요. 시대가 다르잖아요. 저는 지금 시대에 젊은이로 살아 보질 않았어요. 내가 그랬으니 너희도 그렇게 살라는 말은 안 맞죠. 제가 나무 팔아 학교 다닐 때 지금처럼 스마트폰 가지고 이것저것 하는 삶을 생각이나 해봤겠어요? 완전히 다르죠. 그래도 딱 한마디 한다면 소신을 갖고 살았으면 좋겠어요. 세상을 바꾼 사람들은 다 미친놈들이에요. 자기 소신으로 가득 찬.

박태후 시간활용 능력 테스트

1. 은퇴라는 단어를 들으면 떠오르는 이미지는 무엇인가요?
A 여유와 활력 B 우울과 두려움

2. 은퇴 후 시간활용 계획이 있나요?
A 있다 B 없다

3. 최근 6개월 이내 우울감이나 불면증을 느낀 적 있나요?
A 없다 B 있다

4. 좋아하는 취미나 수강 중인 강좌가 있나요?
A 있다 B 없다

5. 최근에 새로운 그룹이나 친구, 만남을 가진 적 있나요?
A 있다 B 없다

6. 갑작스러운 휴일이 주어지면 여행이나 휴식 외 하고 싶은 게 있나요?
A 있다 B 잘 모르겠다

7. 당신은 자신이 어떤 사람인지 알고 있나요?
A 어느 정도 알고 있다 B 아직 잘 모르겠다

8. 당신은 현재 삶에 만족하나요?
A 만족 B 불만족

점수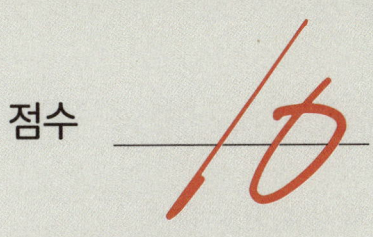

9. 하루 24시간 중 당신이 직접 계획하고 행동하는 시간은 얼마나 되나요?
A 3시간 이상 B 3시간 미만

10. 지금보다 더 만족스러운 삶을 살 수 있다고 믿나요?
A 아니다 B 그렇다

결과

총점 10~8점
당신은 시간활용의 달인이 될 가능성이 높습니다!

총점 7~4점
주인인간으로 살기 위해서는 지금부터 준비해야 합니다!

총점 3점 이하
퇴사/은퇴 후가 걱정되네요.
시간활용 능력에 대해 고민해보세요.

시활의 달인 2   : 박태후처럼

시간에 거는 승부

사람에게 '집'이란 무엇일까. 일단 집이 없으면 고통스럽다. 아무리 남의집살이라고 해도 노숙자의 삶에 비교할 것은 아니다. 남의집살이에도 여러 층위가 존재한다. 고시원에 사는 것과 오피스텔에 사는 것, 전세 사는 것과 내 집 가진 것이 만드는 고통의 깊이는 천차만별이다. 음식이 육체를 만든다면, 집은 정신을 만든다. 집에서는 몸도 누이지만, 동시에 정신도 휴식한다. 아무리 멋진 여행지라도 언젠가는 집에 가서 쉬고 싶다 생각하지 않는가? 그래서 본능적으로 내 집을 가지고 싶어 하는지도 모른다.

내 집을 가진 이 중에서도 단연 돋보이는 사람이 나주시 금천면에 사는 박태후 씨다. 약 1만여 평의 땅에 40여 년간 수백 종의 우리나라 꽃과 나무를 심은 멋진 집의 주인이다. 세속적으로 보면 부자이고 우리의 로망을 실현한 사람이다. 그런데, 그가 위대해 보이는 이유는 돈 있어 보이는 '집' 때문이 아니라 그 집을 창조해 낸 '정신'과 '시간' 때문이다.

그는 원예고등학교를 졸업하고 농촌지도소 지도원으로 20년 근무하다가 공무원 연금을 받을 자격이 되자 미련 없이 퇴사했다. 퇴직할 때가 1996년 마흔두 살이었지만, 지금의 집이 있는 돌 많은 땅을 조금씩

사 모으고 씨앗을 뿌리며 숲을 가꾸기 시작한 것은 스무 살 때부터였다. 오늘날까지 40년 이상을 내다 본 계획이다.

그의 시간활용 내공은 누구라도 감탄할 만한 위인급이다. 퇴직 후 생활은 연금 130만 원으로 하고, 자녀들은 장성하면 부모에게 손 벌리지 않게 독립적으로 키웠다. 직장을 다닐 때도 그랬지만, 은퇴하고 나서는 본격적으로 원래 하고 싶었던 그림을 그리고 또 그렸다. 그래서 지금은 화가 박태후로 알려져 있다. 수십 년이 지난 후 사람들은 나무와 물과 새와 사람들이 모이는 그의 집을 '낙원'이라 부르고 그는 '나무의 왕'이 되었다.

박태후 씨가 가꾼 것은 나무만이 아니다. 남의 눈 상관없이 자신의 시간을 자기만의 방법으로 천천히 직조하였다. 모르긴 몰라도 젊은 사람이 그 나이에 왜 일을 그만두나, 뭘 먹고 살려고 하나, 나무는 뭣에 쓴다고, 애들 학원은 보내나, 아내는 뭐라 하던가, 한량이 따로 없네…. 수없이 많은 뒷말이 따랐을 것이다.

자신이 누구인지 아는 사람, 하고 싶은 일을 정하고 그 길로 간 사람, 하루하루를 모아 수십 년의 시간을 자기 방식대로 만든 사람.

그런 사람이 창조한 집은 이제 자신뿐만 아니라 모두에게 '정신이 제대로 쉴 수 있는' 공간이 되었다. 누군가의 표현대로 그의 삶이 이토록 '오지고 통쾌한' 것은 그가 다른 것도 아닌 오직 그에게 주어진 '시간'에 승부를 걸었기 때문일 것이다.

'지금을 사는 PD' 김민식

세 번째

돈은 불공평하게 갖고 태어나도 시간은
공평하다는 김민식 PD. 매일 주어지는 24시간을
어떻게 활용하느냐에 따라 삶이 달라진다고
말하는 그의 삶과 시간에 관한 철학.

돈과 시간,
그중에서도 시간

안녕하세요. 직접 자기소개 부탁드릴게요.
드라마를 만들고, 책을 쓰고, 강연하는 김민식입니다. 블로그나 유튜브까지 한다고 얘기하면 너무 길어지죠(웃음)?

드라마 PD로 많이 알려졌는데, 그동안 PD로서는 어떤 일을 했는지 소개해주세요.
청춘 시트콤 〈뉴 논스톱〉으로 연출 데뷔를 했어요. 오랫동안 시트콤을 연출하다가, 드라마 부서로 옮긴 후로는 〈비포 앤 애프터 성형외과〉, 〈내조의 여왕〉, 〈글로리아〉를 연출했어요. 가장 최근작으로는 〈이별이 떠났다〉가 있습니다.

PD라는 수식어만 붙이기엔 많은 일을 하고 있는데요. 작가, 블로거, 유튜버 중에 하나만 고르라고 한다면 어떤 걸 선택하실 건가요?
작가요. 왜냐하면 작가는 죽을 때까지 할 것 같거든요. PD는 정년이 있고, 블로그와 유튜브도 플랫폼이 언제 사라질

지 모르잖아요. 예전에 '시트콤 사랑'이라는 다음 카페를 운영한 적이 있는데 그때는 한동안 저를 카페 주인이라고 정의했어요. 되게 열심히 운영했는데 카페가 사라지니까 제 정체성도 사라지더라고요. 그래서 영속 가능한 무언가로 나의 아이덴티티를 정해야겠구나 생각했어요. 그 아이덴티티가 글 쓰는 사람인 것 같아요. 정확히는 독서가라고 말하고 싶은데, 독서가는 직업으로 안 쳐주니까 작가라고 할게요.

대학교에 입학하기 전에 문학도의 꿈을 꿨다고 들었어요. 처음 문학에 관심 가지게 된 순간이 언제인가요?
'이번 생은 망했구나' 하고 생각할 때가 아니었을까 싶어요. 어렸을 땐 늘 그렇게 생각했거든요. 사실 요즘도 가끔씩 해요. 이를테면 몇 년 전에 회사에서 힘든 생활을 할 때도 이번 생은 망했나 했어요. 현실에서는 내 뜻대로 안 되는 일이 많잖아요. 10대 때는 특히 그렇다고 생각해요. 어른에게는 탈출할 길이 있어요. 극단적인 예이긴 하지만, 부부간에 뭔가 안 풀리면 이혼을 한다든지, 회사 생활이 안 풀리면 퇴사를 한다든지요. 그런데 10대는 학교를 자퇴하거나 집에서 가출하면 아주 큰 불행으로 나아가는 일처럼 여겨지잖아요. 그러니 탈출할 길이 없죠. 어린 시절 저에게 유일한 탈출구는 책이었어요. 책《모모》를 쓴 미하엘 엔데의《네버엔딩 스토리》라는 책이 있어요. 어떤 책을 펼치면 책의 이야

기 속으로 빨려 들어간다는 내용인데요. 저는 제가 딱 그렇다고 느꼈어요. 책 속에 너무나 재밌는 이야기가 많고, 적어도 책을 읽는 동안엔 살면서 겪는 괴로움을 잊을 수 있었으니까요. 그래서 계속 책을 읽고 싶다는 생각을 했던 거 같아요. 문학을 업으로 삼아야겠다고 생각했다기보단 독서가가 되고 싶었던 거죠.

읽기에서 그치지 않고 글쓰기가 좋아지게 된 순간이 있다면요? 저는 대학교 비평 수업 때 교수님에게 칭찬을 받은 뒤부터 조금씩 글쓰기에 흥미를 느꼈어요. PD님에게도 그런 구체적 순간이 있을 것 같아요.

그 얘기를 듣고 나니 저도 갑자기 훅 떠오르는 순간이 있네요. 어느 한 사람의 반응으로 글을 좋아하게 된 순간이요. 고등학교 1학년 때였어요. 그땐 남고와 여고로 나뉘어 있어서 도서관은 남학생과 여학생이 만날 수 있는 장소였는데요. 도서관에서 저보다 한 학년 높은 누나들이 저를 귀여워하면서 '무슨 책 읽니?' 하길래, 쪽지에다가 내가 어떤 사람인지 적어서 열람실 책상에 툭 두고 갔어요. '뜻은 어디에 두었으나, 발은 땅에 있고 어쩌고' 하면서 멋부린 글이었죠. 누나들이 그 글을 보더니 너무 재밌게 잘 썼다고 하면서 말을 거는 거예요. 그때 글이라는 게 너무 놀랍다고 생각했어요. 보통은 사람의 외모만 보지, 내면까지 들여다볼 기회는 별로 없잖아요. 근데 글을 읽으면 이 사람이 이런 글을 쓰나? 하게 되죠. 저는 당시에 가족에게서나 친구들로부터 대단하다는 평가를 한 번도 못 받아본 사람이었거든요. 그런데 글 하나로 누군가에게 좋은 평가를 받은 거예요. 그래서 '나라는 사람도 글을 잘 쓰게 되면 이런 찌질한 상태에서 벗어날 수 있지 않을까?'라고 생각하게 된 거 같아요.

하지만 문학이 아니라 공학을 전공하셨다고요. 그 선택은 지금의 PD님을 보면 의외라고 느껴져요.
제가 진로 특강을 하게 된 계기가 여기 있어요. 많은 사람이 대학교 전공에 따라서 자신이 앞으로 살아갈 방향이 정해진다고 생각하는데 아니란 얘길 해주고 싶었거든요. 저는 부모들한테 아이에게 꿈이 뭐냐고 묻지 말라고 말해요. 아이가 '나는 어렵고 가난한 사람을 도와주는 게 좋으니까 사회복지사가 되고 싶어요.' 하면 엄마는 그럴 거예요. '기왕에 어렵고 가난한 사람을 도와주고 싶다면 인권 변호사가 어떻겠니? 그럼 돈도 많이 벌 텐데….'라고요. 아이들은 전공이 본인이 선택한 결과라고 생각하는데 사실 어른들의 소망이나 성적에 맞춘 결과거든요. 전 공대에 들어갔지만 남은 평생을 엔지니어로 산다면 너무나 불행하겠다는 걸 느꼈어요. 그래서 엔지니어가 아닌 완전히 다른 길을 찾아야겠다고 생각했죠. 하지만 대부분 사람들은 자신이 뭘 좋아하고, 뭘 하고 싶은지 잘 모르잖아요. 시간활용을 잘하지 못하는 이유도 시간을 가지고 하고 싶은 게 없기 때문이에요. 나의 시간을 그냥 세상에 내주는 거죠. 월급을 받아야 하니까 부장이 시키니까 하고, 고객이 시키는 일, 가족이 시키는 일을 하면서요.

많은 사람이 자신이 좋아하는 게 뭔지 모르는데, PD님은 그걸 어떻게 발견하셨나요?

충격요법이 컸던 것 같아요. 부모님이 '문학하고 싶어? 알았어, 해봐.' 했다면 그게 귀한 줄 모르고 살았을 거예요. 문과에 진학하는 게 꿈이었는데 아버지가 '의대 가야 해.' 해서 고등학교 때 이과를 선택했어요. 근데 수학을 너무 못해서 의대는 못 가고 공대를 갔단 말이죠. 그런데도 아버지께선 그랬어요. 공대에 가는 게 취업에 더 유리하다고. 아버지는 항상 저에게 '돈을 벌려면 네가 좋아하는 걸 해선 안 된다. 세상이 필요로 하는 일을 해야 한다.'고 얘기하셨어요. '의사나 엔지니어가 돼라. 그게 취직이 잘 된다.'라고요. 하지만 저는 전공을 살리고 싶지 않아서 첫 직장에 들어가 영업사원을 했어요. 그리고 2년 만에 첫 직장을 때려치우고 나왔고요. 그게 제 삶에 가장 큰 전환점이에요.

어떤 점에서요? 2년 만에 관두게 된 이유가 뭐예요?

그 회사에서 7080 입사자의 전형을 보여주는 상사를 만났거든요. 일을 너무 열심히 하다 죽을 뻔한 적도 있는 사람이었어요. 지방 출장을 가서 열심히 일하고, 대리점 사원을 접대한다고 12시 넘어서까지 폭탄주 돌리고, 다음날 아침에 여관에서 눈을 떴는데 몸이 안 움직이더래요. 이러다 사람이 죽는구나, 돌연사가 이런 거구나, 싶었다는 이야길 저한테 하더라고요. 요지는 자기는 이렇게 열심히 했는데 너는 왜 그렇게 안 하느냐는 거였어요. 그렇다고 제가 일을 안 한 것도 아니고 칼퇴근을 했을 뿐이거든요. 그 상사가 저를 얼마나 미워했냐면, 하루는 옥상에 가서 1:1 권투 시합을 하자는 거예요. 저를 그냥 때릴 수는 없으니 권투를 하자고 한 거죠. 전 어릴 때 아버지에게 매를 많이 맞았거든요. 아버지는 바꿀 수 없다 쳐도 내가 회사까지 참아야 하나? 싶어서 그렇게 첫 직장을 2년 만에 관뒀어요. 그게 1994년이에요. 당시에는 퇴사가 어려운 시절이었어요. 첫 직장을 평생 직장이라 여겼고, 2년 만에 사표 내고 나오면 조직 생활 부적응자로 찍혀서 아예 취직을 못한다고 그랬어요. 그래서 취직 안 하고 프리랜서 하겠다는 마음으로 한국외대 통역대학원에 진학했죠. 회사 관두고 도서관에서 책 읽고 영어 공부를 하니 너무 행복하더라고요. 얼마 전에 저희 아버지가 그러셨어요. "나중에 첫 직장 상사 찾아가서 감사하다고 인사해라. 그 양반이 아니었으면 네가 어떻게 MBC PD가 됐겠냐. 그 사람이 괴롭혀 나간 덕에 PD가 된 거 아니냐."고요. 저는 인생에서 저를

괴롭히는 사람을 만나잖아요? 그러면 '이 사람 덕에 앞으로 내 인생이 얼마나 좋아질까?' 생각해요. 그럴 때마다 항상 상황이 더 좋아졌거든요. 아버지 덕에 책의 즐거움을 알게 됐고 첫 직장 상사 덕에 통역 대학원에 들어갔고, MBC에서 힘들게 한 덕분에 작가가 됐어요. 드라마 PD로서 일이 많았다면 작가를 할 수 없었을 거예요. 글을 쓸 시간이 없으니까요.

첫 퇴사할 때 걱정되는 부분은 없었나요? 경제적 부분이라든지….

중요한 팁인데, 재테크의 기본이 뭔지 아세요? 월급을 받으면 50%는 무조건 적금하고 남은 돈으로 생활하는 거예요. 저는 다행히 첫 직장에서 2년 동안 받은 월급의 절반씩을 저축했어요. 퇴사할 때 이미 1년 치 연봉이 있었죠. 아버지는 항상 '내 집에서 먹고 자려면 내 말을 들어야 한다'고 하셨어요. 저는 87년도에 대학에 입학하면서 서울에 올라온 뒤론 아버지에게 돈을 안 받기로 결심했어요. 그래서 입주 과외를 시작했죠. 과외하는 학생 집에서 먹여주고, 재워주고 한 달에 월급 10만 원을 줬어요. 입주 과외하면서 그 집의 고등학교 2학년 아들이랑 방을 같이 썼는데 이 녀석이 공부를 잘 못했어요. 그런데 매일 밤 공부하는 중간에 꼭 한 번씩 나가더라고요. 한 시간 공부하면 나가서 10분을 쉬다 오는 거예요. 알고 보니까 주방에서 과일을 먹고 오는 거였더라고요.

걔네 엄마가 한 시간마다 걔만 따로 불러서 과일을 먹였던 거죠. 아니, 내가 과일을 먹으면 얼마나 먹는다고… 너무 서러웠어요. 그래서 거기서 딱 1년 동안 60만 원을 모아서 나왔어요. 그 돈으로 하숙집에 들어가야겠다 싶어서요.

PD님의 이야기를 들어보면 경제적인 관념과 시간에 대한 철학이 확실한 것 같아요.
인생을 살아갈 때 가장 중요한 자원은 두 개라고 생각해요. 하나는 돈이고, 다른 하나는 시간이에요. 돈은 불공평하게 갖고 태어나요. 돈이 얼마나 있는 집에 태어나느냐에 따라 격차가 크죠. 하지만 시간은 공평한 자원이에요. 시간을 어떻게 활용하느냐가 되게 중요한데, 많은 사람이 '우리 집에는 돈이 없어', '한 달에 겨우 100만 원밖에 못 벌어' 하고 불평하면서 매일 주어지는 24시간을 얼마나 어이없게 버리고 있는지에 대해서는 자각하지 못해요. 그게 너무 안타까워요. 저는 돈보다 중요한 자원은 시간이라고 생각하거든요. 제 인생을 자세히 보면 남들이 평생에 한 번 할 만한 직업을 몇 가지 가져봤어요. 동시통역사라든지, 엔지니어, 영업 사원…. 남들은 예능 PD와 드라마 PD를 한 번 할 때 저는 각각 10년씩 했고요. 저에겐 시간이 너무 중요해서 같은 일을 반복하고 싶지 않았어요.

저는 돈에 대해서는 목표가 없어요.
꿈으로 안 삼아요. 저는 시간으로
목표를 세워요. 하루에 1시간 동안,
3시간 동안 뭘 하겠어, 1년에 한 번
여행을 할 거야, 해요.

꼭 경제적 부분이 아니라도, 직장을 옮기면서 불안하거나 힘들었던 순간은 없었나요?

정말 죄송한데, 힘들었던 적이 없어요(웃음). 다른 일들로 괴로웠던 적은 있겠죠. 드라마를 하다 시청률이 망해서 조기 종영된 적도 있지만, 지금 생각해보면 힘들진 않았어요. 드라마가 원래대로 방영되었다면 앞으로 한두 달을 더 일해야 하는데, 갑자기 시간이 생겼네? 그럼 읽고 싶었던 책 읽고, 보고 싶었던 영화를 보고, 가고 싶던 곳에 여행 가고 자전거 타고 놀러 가야지! 하는 거예요. 사람들은 저에게 긍정의 화신이라고 이야기하지만 그냥 현재에 충실하면 돼요. 사람들이 왜 시간 활용을 잘 못하냐면, 과거와 미래에 집착하기 때문에 그래요. '아 그때 그걸 했어야 하는데…' 하고 이미 지나간 과거를 아쉬워하거나, '퇴사해서 2~3년 후에 굶어 죽으면 어떡하지?' 하고 오지 않은 미래를 걱정해요. 근데 그건 가봐야 아는 거거든요. 그런데 사람들은 과거와 미래에 대한 고민과 후회, 불안으로 시간을 보내죠.

현재에 충실하기 위해선 하고 싶은 일이 뭔지부터 알아야 하겠네요. PD님은 지금 어떤 일을 하고 싶으신가요?

저는 재밌는 뭔가를 하고 싶어요. 그게 드라마가 됐든, 시트콤이 됐든, 책이 됐든지요. 세상은 절대 내 뜻대로 안 된다고 생각해요. 저는 그래서 제 자신에 집중해요. 글을 읽고, 책을 쓰고, 외국어를 공부하고, 여행을 다녀요. 이것들은 혼자 할 수 있거든요. 그런 걸 통해 스스로를 단련하죠. 사람들이 괴로운 이유는 세상 일이 내 뜻대로 안 돼서 그래요. 그러니까 나만 어떻게 하면 돼요. 나 자신을 어떻게 단련 시킬까에 집중하는 거예요. 요즘 아이들이 게임을 좋아하는 건, 중독성이 강해서 인데 이것도 바로 시간 때문이에요. 콘텐츠나 영상, 자극성 때문이 아니에요. 게임은 아이들에게 마치 시간의 마스터가 된 듯한 느낌을 줘요. 현실에서 악당을 쓰러뜨리려면 도장에 가서 기술을 배워야 하는데 게임에서는 몇 번만 레벨업 하면 거대한 일을 할 수 있게 돼요. 현실에서 하기엔 시간이 오래 걸리는 걸 게임에선 쉽게 하는 거죠. 짧은 시간에 큰 성취를 맛보게 해줘요. 근데 게임 속 캐릭터가 아무리 '만렙'을 찍어도 실제의 나와는 상관이 없잖아요. 그래서 저는 제 자신을 게임 속 캐릭터라고 생각해요. 내가 가진 건 하루의 24시간이고요. 유튜브를 예로 들면 지금은 3만 명의 구독자가 있는데 내년에는 10만 명을 찍고 실버 버튼을 따겠다는 미션을 정한 다음 시간을 어떻게 활용하면 될지를 고민하죠. 유튜브 원고를 1시간 정도 써야겠다, 어떤 콘텐츠를 만들지 정하려면 도서관에서 3시간 동안 책을 골라야겠다 하면서요.

대부분의 사람에겐 그런 시간활용이 어렵게 느껴져요. PD

님은 어떻게 그게 가능하세요?

중요한 지적이에요. 그래서 제가 계속 블로그에 글을 올리고 책을 쓰는 거예요. 제 블로그 이름이 공짜로 즐기는 세상이에요. 처음 블로그를 만들 때 도메인을 freeworld로 하려고 했어요. 근데 이미 사용 중인 도메인이길래 freeworld2로 할까 하다가 free2world를 했어요. I am free to world라는 의미예요. 나는 세상에서 자유롭다는 뜻이죠. 세상이 생각하는 것으로부터 자유로운 사람이라는 게 첫 번째 의미고요. 두 번째 뜻은 내가 가진 노하우를 세상에 공짜로 주겠다는 거예요. '제가 세상을 즐겁게 사는 비결을 알고 있는데, 이걸 여러분에게 매일 공짜로 알려드릴게요!'라는 뜻이죠. 저는 시간을 활용하는 법으로 인생이 즐거워졌고 이걸 사람들과 나누고 싶은 마음이 강해요. 《영어책 한 권 외워봤니?》에서 영어공부는 자투리 시간만 써도 충분히 할 수 있다고 이야기했어요. 저는 직장생활하면서 자투리 시간을 써서 일본어나 중국어를 공부했단 말이죠. 그리고 많은 사람이 회사에 다니며 책 저자가 되어서 자신만의 브랜드를 만들고 싶어 하잖아요. 그럼 책을 언제 쓰느냐. 새벽에 일어나서 쓰라는 거죠. 새벽 5~7시까지 가정과 회사로부터 해방될 수 있는 시간. 이 두 시간만 써도 책 한 권 낼 수 있거든요. 여행도 마찬가지고요. 여행을 가서 어떻게 하면 더 즐겁게 주어진 시간 내에 재미난 걸 보고 올까 하는 부분들요. 그런데 이 정보를 공짜로 나눠준다고 하면 오히려 세상에서 '이렇게 귀한 정보를~!' 하고 돈을 주더라고요. 블로그에 나눈다고 생각하고 올렸는데 인세와 강연료로 돌아오는 걸 보고 재밌다 싶었죠.

알려줘도 하기 어려운 이유는, 자투리 시간에 공부 대신 유튜브를 보거나 SNS를 하고 싶어 하고 '새벽에 피곤한데 어떻게 일어나?' 하는 순간 때문인 것 같아요. PD님에겐 그런 순간이 없나요?
그 일들을 즐겁게 만드는 방법이 중요해요. 힘들수록 힘들게 하면 안 되는 것 같아요. 특히 영어 공부는 작정해야 해요. 처음부터 즐거울 수는 없어요. 많은 사람이 처음부터 즐거운 영어 공부만 하려고 해요. 제가 문장을 외우라고 하면 '아유 그건 힘들어서…'라고 하죠. 어떤 일이든 처음엔 힘들어요. 힘들다는 걸 받아들인 다음 그 과정을 극복하고 한 단계를 넘어가면 힘들지 않은 순간이 오거든요. 제 첫 번째 책은 주조정실에서 교대 근무할 때 썼어요. 저랑 같이 교대 근무했던 사람들은 모두 그랬어요. 너 진짜 독하다고. 교대 근무는 저녁 5시에 출근해서 아침 7시까지 야간 근무를 해야 해요. 집에 가면 하루 종일 멍하고, 자다 일어나면 밤에 잠이 안 오고 그 다음날, 모레까지 컨디션이 다운되죠. 동료들은 보통 그럴 때 술을 먹었어요. '나는 아나운서고, 나는 PD인데, 파업했다고 여기서 교대 근무나 한다'고요. 저는 술을 안

하는데, 그 이유는 술을 마신다고 괴로움이 잊히지 않기 때문이거든요. 일이 잘 안 풀려서 마시는 건데 오히려 다음 날 업무 효율이 떨어지고 더 괴로워지죠. 그래서 저는 힘들 때 술이 아니라 스스로에게 미션을 줘요. 나는 오늘 무조건 글을 다섯 페이지 쓰겠어, 하고요. 그렇게 재밌는 걸 붙들고 앉아서 하면 오히려 뿌듯해요. 진짜 해결책은 지금 내가 할 수 있는 일을 찾아서 하는 거예요.

'어느 단계를 넘어서면 괜찮아질 거야'라고 생각하는 사람이 드물긴 하죠. PD님은 언제부터 그런 긍정적 사고방식이 생겼나요? 타고난 건가요?

결코 아니에요. 타고난 거라면 어렸을 때 그렇게 힘들어할 이유가 없었겠죠. 영어 때문이에요. 첫 회사를 94년 4월에 관두고 나와서, 6개월 동안 시험을 준비해 94년 11월에 통역대학원 시험에 합격했어요. 그땐 통역대학원이 한국외국어대학에 하나밖에 없던 시절이었고, 언어를 하는 사람들에겐 고시라고 여겨질 정도였죠. 많은 사람이 영어를 잘 하려면 미국에 가야 한다, 영문과 가야 한다, 카투사를 해야 한다고 했는데 저는 저만의 방식으로 그 허들을 넘었잖아요. 그 다음부턴 무슨 일이 생겨도 '그때 하던 마음으로 하면 못 할 게 뭐가 있어?'라고 생각하게 됐어요. 제가 되게 능력자 같죠? 하지만 저는 모든 걸 잘 하는 사람이 절대 아니에요. 전 제가 하고 싶은 일만 열심히 하거든요. 고등학교 내신 등급은 15등급 중에 7등급이었어요. 사람들이 저보고 집중력이 뛰어나다고 하지만 아내는 제가 산만하다고 말해요. 집에서 책 읽거나 글을 쓸 때 아내가 나와서 쓰레기 좀 버리라고 하면 알았어, 하고는 까먹어버리는 거예요. '너는 글쓰기랑 책 읽는 건 열심히 하면서 이건 왜 까먹냐' 하며 싫어하죠(웃음).

그럼 긍정적 사고방식을 갖기 위해서는 작은 성공의 경험이 필요한 걸까요?

되게 중요해요. 저는 대학생들에게 이렇게 얘기하고 싶어요. 20대에 하나의 목표를 달성하는 경험을 해보라고요. 하지만 그게 상대적인 목표는 아니었으면 좋겠어요. 과 수석이나 공무원 시험 합격은 상대적인 목표예요. 내가 아무리 열심히 해도 나보다 열심히 한 학생이 한 명만 더 있으면 과 수석은 못해요. 공무원 시험도 마찬가지고요. 그게 아니라 절대적 목표를 정해보세요. 책 한 권을 읽을 거야, 영어 회화 책 한 권을 외울 거야, 같은 것들이요.

예전의 나보다 조금이라도 나아지는 목표를 세우라는 건가요?

그렇죠. 남과 경쟁하는 게 아니라 나 자신과 비교하면서 나를 뛰어넘고 나면 그다음부터는 아무리 불안한 일이 생겨도

'지금을 사는 PD' 김민식

내가 그 정돈 해내겠지 하는 자신감이 생겨요.

그럼 지금의 PD님은 목표한 건 다 이루겠다는 자신감을 가지고 있나요? 독서가가 꿈이라고 하셨는데, 언제쯤 돈을 버는 직업적 독서가가 될 수 있을까요?

저는 돈에 대해서는 목표가 없어요. 꿈으로 안 삼아요. 저는 시간으로 목표를 세워요. 하루에 1시간 동안, 3시간 동안 뭘 하겠어, 1년에 한 번 여행을 할 거야, 해요. 시간에 대해선 욕심이 있고 목표가 있지만 돈은 내 뜻대로 안 된다는 걸 알아요. 무엇보다 시간을 잘 활용하면 돈이 따라와요. 사람들에게 늘 하는 얘기가 있어요. '돈은 그냥 온다. 돈이 안 온다고 불안해하지 마라.' 사람들이 시간을 자기 뜻대로 사용하지 못하는 이유는, 내 뜻대로 살면 돈을 못 벌까 봐 어쩔 수 없이 일하기 때문이에요. 그럼 시간과 돈, 둘 다 날아가요. 시간이 흐르고 나면 모두 괴로운 시간이었어, 내 시간 같지가 않아라고 하게 되고요. 괴롭게 일하면 돈도 안돼요. 많은 사람이 재테크의 달인이 되길 꿈꾸는데 시간 재테크, 시테크의 달인이 되면 모두 마음 먹은 대로 할 수가 있어요. 시간은 누구에게나 공평하지만 돈은 아니니까, 공평하게 갖고 있는 걸로 게임하는 편이 좋죠.

돈이 많으면 시간을 더 자유롭게 쓸 수 있지 않나요?

돈을 많이 가지고 있어도 시간을 어떻게 써야 할지 모르는 사람들이 있어요. 저희 어머니, 아버지는 두 분 다 교사였는데, 정년퇴직을 하고 각자에게 매달 300만 원의 연금이 나와요. 그래서 저는 아버지가 얼마나 인생을 멋지게 살까 했는데, 옆에서 보고 있으면 너무 안타까워요. 매달 300만 원씩 연금이 나오는데도 퇴직 전에 하던 걸 그대로 하고 사세요. 하루에 몇 시간씩 바둑을 두고, 바둑 프로그램을 보고요. 많은 사람이 이렇게 말해요. 퇴직하면 문화센터에서 뭘 배우겠다, 크루즈 여행을 가겠다. 저는 그럼 '지금 하라'고 해요. 현직에 있을 때 하지 않는 건 퇴직하고 나서도 못해요. 제 또래인 386세대는 많은 걸 이뤘지만 그 과정에서 자신의 시간을 너무 많이 희생해버렸어요. 어떻게 노는지 잊어버렸죠. 어릴 땐 열심히 공부했고, 직장에선 열심히 일했고, 이젠 놀아야 하는데 놀려고 하니까 불안하죠. 불안하겠죠.

그 부분은 확실히 요즘의 20~30대와는 다른 것 같아요.
자기 시간을 활용할 줄 모르는 사람들이다 보니까 20~30대가 자기 시간을 활용하고 워라밸을 챙기려는 걸 보면 반감이 생겨 그건 아니라고 얘기해요. 자기가 잘못된 걸 모르고, '6개월 만에 때려치우고 놀러 나가니까 커리어가 안 쌓이고 저렇게 살지.'라고 말하는 거거든요. 젊은이들이 그렇게 할 수밖에 없도록 만든 게 자신이라는 건 모르고요. 본인이 운 좋은 시기에 입사해 정규직을 누렸다는 것도 모르죠. 요즘 젊은 세대 사이에서 저출산, 비혼주의라는 말이 나오잖아요. 저는 20~30대가 본인들 나름대로의 답을 찾았다고 생각해요. 그 나름의 솔루션을 우리가 문제라고 인식하고 있다, 우리가 생각하는 문제가 저들이 찾아낸 답일 수도 있다는 거예요. 지금 우리 세대가 얼마나 시간을 잘못 보내고 있냐면, 육아에 시간을 과하게 보내는 사람이 있어요. 물론 좋은 일이지만 학원까지 쫓아가서 자녀 뒤치다꺼리에 빠져 있는 거죠. 젊은 세대가 볼 때, '저렇게 안 하면 애를 못 키우나? 그럼 애를 안 낳는 게 낫겠다.'라고 생각할 수 있거든요. 시간활용에 관해선 획기적인 인식의 전환이 일어나야 해요. 조건은 딱 하나, 재미예요.

PD님에게는 그 '재미'가 블로그와 유튜브겠죠? 두 가지를 시작하고 일상이 어떻게 달라졌나요?

하루를 사는 밀도가 달라진 것 같아요. 내가 하는 경험에서 어떻게든 이야깃거리를 찾아내려 하고 의미를 만들려 하죠. 의미를 부여하다 보니 재미있어졌어요. 그리고 포스팅에 사람들이 '어쩜 PD님은 하루를 이렇게 알차게 쓰시나요?' 하는 댓글들이 달리면 그걸 보는 게 또 즐겁죠. 그런데 사실 제 블로그를 가장 많이 찾는 사람은 바로 저예요. 누군가가 댓글로 '어떤 대목에서 감동했어요!' 하면 그 대목을 다시 봐요.

그리고 '이게 이렇게 해석되는구나, 괜찮네.' 하면서 스스로를 쓰다듬고요.

만약 블로그를 시작하지 않았다면 어땠을까요?
어떤 식으로든 블로그를 했을 거예요. 블로그, 다음 카페, 페이스북. 어떤 게 됐든 어디서든 글을 쓰고 있었을 것 같아요.

유튜브는 어떻게 시작하게 됐어요?
원래 유튜브는 전혀 할 생각이 없었어요. PD 연합회에서 하는 행사에 갔는데 나영석 PD가 그러더라고요. 자기는 예능 PD가 마흔이 넘으면 내리막이라고 생각하기 때문에 반짝이는 30대와 협업을 해야겠다고 생각했대요. 〈알쓸신잡〉과 〈윤식당〉을 성공시킬 수 있었던 것도 젊은 30대 PD들과 협업한 덕분이라고요. 그 후 며칠 뒤에 〈세바시〉 구범준 대표에게 연락이 왔어요. 저보고 왜 유튜브를 안 하냐고 묻더라고요. 그래서 제가 직업이 PD라 그런지 퇴근하고 집에 가서도 촬영하고 편집하면 일하는 것 같다고, 집에선 편집하고 싶지 않다, 그랬어요. 그랬더니 촬영과 편집은 자기들이 해줄 테니까 강연만 하라는 거예요. 일단 기획을 먼저 들어보라고 해서 만나러 갔어요. 갔더니 서른 살 정도 된 PD 두세 명이 기획안을 짜서 PT를 하더라고요. 왜 저를 유튜브 채널의 진행자로 선택했는지 설명하는데 제가 꽂힌 건 SWOT 분석이었어요. '비주얼이 안 좋다, 외모가 호감형이 아니다, 목소리가 별로다, 유튜브를 많이 보는 2030세대는 모르는 사람이다' 등등 이렇게 저의 약점을 분석하는 거예요(웃음). 그걸 보고 이 친구들이랑 일해야겠다 싶었어요. 이들은 나의 약점을 다 알고 있단 말이죠. 그럼에도 함께 일하자고 한 건, 그걸 커버할 전략을 세웠으니까 하자고 했을 거 아니에요. 그렇게 시작했는데 너무 잘한 것 같아요. 구독자들이 제가 PD니까 직접 편집한다고 오해하는데 아니에요. 제가 편집하면 퀄리티가 안 나오더라고요. 전 50대 아재 감성이거든요. 이게 협업이죠. 참 재밌게 하고 있어요.

미디어를 바꿔가며 새로운 시도를 하는데 앞으로 해보고 싶은 게 더 있나요?

하나를 시도하면 최소한 10년은 해야 한다고 생각해요. 블로그를 한 지 10년 됐고요. 유튜브는 이제 3개월 넘었네요. 유튜브는 10년 이상 지속될 플랫폼이라고 생각해요. 페이스북은 콘텐츠 생산용은 아니고 즐기는 도구로 쓰고 있어요. 인스타그램은 비주얼이 중요하더라고요. 제가 할 수 있는 게 아니다 싶어요(웃음).

새벽마다 블로그에 글을 쓰는 데 지장이 가지 않도록 평일엔 저녁 약속을 안 잡는다고 들었어요. 혹시 그런 단호한 생활

의 규칙이 더 있나요?

시간 관리에서 중요한 건데요. 나름의 원칙이 있어요. 약간 싹수없게 살아요. 저는 사람들이 밥 먹자고 하면 잘 안 가요(웃음). 회식이나 동창회 모임에서 불러도 안 나가고요. 어느 날부터 기준을 정해야겠다 싶었어요. 그 기준은 재미예요. 어떤 선배가 밥을 먹자고 해도, 만약 좋아하지 않는 사람이라면 '아, 예.' 하고 제가 원하지 않는다는 걸 알게끔 말하고 지나가죠. 좋아하지 않는 사람에게 왜 시간을 내주나요? 보통은 어른이, 선배가 말하면 당연히 따라야 한다고 생각하고 시간을 주겠죠. 저는 그런 태도를 버려야 한다고 생각해요. 그래서 후배한테 먼저 밥 먹자는 말도 안 해요. 후배에게 부담이 될 수도 있거든요. 후배가 먹자고 하면 나가지만요. 제가 시간을 쓸 때의 기준은 재미예요. 재미있을 것 같으면 만나고 아니면 안 만나요. 많은 사람이 재미없는 자리라도 의미가 있을 것 같으면 가잖아요. 동창회나 송년회라든지요. 전 의미를 중요하게 생각하지 않아요. 시간을 허비하는 이유는 의미를 기준으로 잡기 때문이에요. 의미 있는 시간을 보냈는지는 현재엔 알 수 없는 거예요. 먼 훗날에서야 알 수 있는 거죠. 하지만 재미는 이 순간 알 수 있거든요. 그러니까 척도는 재미예요. 이 순간, 이 시간에 내가 재미가 있느냐, 없느냐. 제가 단언하는데 시간활용의 달인들은 어떤 일에 집중할 때 '의미 있을 것 같아서'가 아니라 '재미있어서' 한 걸 거예요. 재밌어서 했는데 오랫동안 하다 보니 의미가 생긴 거죠.

좋아하는 걸 오랫동안 하려면 어떤 조건이 뒷받침되어야 할까요?

두 가지 조건이 있어요. 먼저, 돈이 안 들어야 해요. 두 번째, 지속 가능해야 해요. 의외로 많은 놀이가 하면 할수록 많은 돈이 들어요. 예를 들어 골프가 그렇죠. 처음에는 연습장에서만 치지만, 하다 보면 필드로 나가고 싶고, 더 잘 치고 싶어져요. 그러면 수십만 원짜리 레슨을 받고 몇 천만 원, 몇 억짜리 회원권을 사고 싶어지죠. 자본주의 사회에선 뭐든 깊이 빠지면 빠질수록 돈이 들어가요. 저에게 두 가지 조건을 충족시키는 건 도서관에서 책 읽기예요. 일단 돈이 들지 않고요. 뭐든 하다 보면 싫증이 나는데 책은 끊임없이 새로운 게 나오니 지속 가능하죠.

독서 외에는 또 어떤 게 있을까요?

제가 그래서 책을 쓰는 거예요. 제가 찾은 방법 세 가지를 알리려고요. 하나는 외국어 공부. 그것도 돈 안 들이고 지속 가능하죠. 영어를 마스터하면 중국어나 일본어를 하면 돼요. 또 하나는 글쓰기. 하면 할수록 깊어지거든요. 그리고 여행. 여행을 새로운 공간에 가는 거라고 생각하지만 아니에요. 기존의 것을 새로운 방식으로 보는 거라고 생각해요. 저는 짧

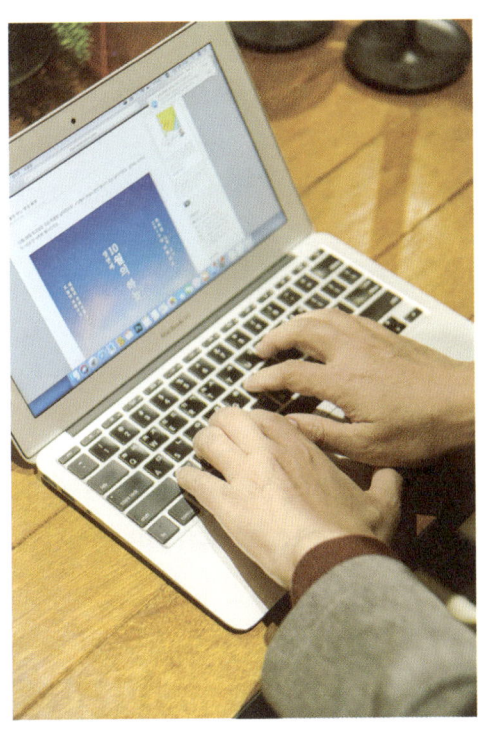

은 거리를 이동할 때도 어떻게 하면 이 순간을 여행으로 만들까 고민해요.

좋아하는 것들을 더 잘 즐기고, 잘 놀기 위한 팁도 줄 수 있나요?
혼자 놀기요. 대부분의 사람들이 혼자서는 잘 못 놀아요. 저는 좋아하는 영화가 나오면 혼자 보러 가거든요. 많은 사람이 '영화 좋아하긴 하는데, 혼자선 못 가.'라고 하면 저는 말하죠. 당신이 혼자서 하지 않는다는 건 그걸 정말로 좋아하지는 않는다는 뜻이라고요. 정말로 좋아하는 거라면, 혼자서도 해요. 정말로 술을 좋아하는 사람은 혼술도 하잖아요. 무엇보다 혼자 하면 돈이 덜 들어요. 긴 세월을 살아야 하는데 노후를 즐겁게 보내기 위해선 돈이 드는 놀이보단 돈이 안 드는 놀이를 해야 해요. 그러려면 혼자서 잘 즐겨야 하는 것 같아요.

PD님의 책에서 '일을 놀이같이가 아니라 놀이를 일처럼 하라'는 말이 인상적이었어요. 하지만 그게 피곤하다고 여기는 사람도 있을 거예요. PD님은 그렇게 해야만 하는 이유가 뭐라고 생각하세요?
솔직히 그래야 할 이유는 없다고 생각하고, 모든 사람이 그렇게 놀지 않아도 된다고 생각해요. 다만, 그걸 찾아는 봐야 한다는 거예요. 남들이 당구 치자니까 당구 치고, 골프 치자니까 골프 치고, 적당히 남들이 하는 것들을 하는 게 아니라, 내가 하고 싶은 놀이를 찾자는 말이에요. 나에게 맞는 게 뭔지 찾아야 할 의무가 각자에게 있다고 생각해요. 내가 무엇을, 얼마나 하면서 놀 때 좋은지를 알아야 하는데, 많은 사람이 일과 공부는 의무로 삼으면서 놀이를 의무로 삼는 사람은 없는 것 같아요. 저는 내게 맞는 놀이를 찾는 의무도 중요하게 생각하거든요. 내 인생에 대한 예의라고 생각해요. 시트콤을 보다가 PD가 되고, 책벌레로 살다가 작가가 된 것. 이건 제가 찾은 어디까지나 저만의 놀이예요. 여러분도 애호가 정도로 시작해서 아마추어에서 준프로까진 될 수 있는 걸 하나씩 찾아가면 좋겠어요.

PD님은 퇴직에 가까워지는 나이잖아요. 여전히 그렇게 도전할 수 있는 에너지가 어디서 나오나요? PD님 또래에는 그렇게 도전하는 분들이 많지 않을 것 같거든요.

그건, 사람들이 비슷한 사람들만 만나기 때문이에요. 제가 동창회에 가는 걸 싫어하는 이유는 동창회에 가면 어디에서, 몇 평짜리에 살고, 직급은 뭐고, 연봉은 얼마고, 그래서 퇴직하면 뭐 할 거고, 자녀는 어디에 다니고, 그런 얘기만 하거든요. 그런 데에 가면 사람들이 모두 그렇게 사는 줄만 알게 되죠. 하지만 도서관에서 책을 읽잖아요? 너무 멋있게 사는 노인이 많아요. 제가 사람들에게 책을 권하는 이유도 그거예요. 책에는 내 또래의 가장 멋지게 사는 사람의 전형이 들어 있어요. 그 사람들을 보면서 배우면 돼요.

MBC에서 정년까지 쭉 일하고 싶다고 이야기하신 적이 있잖아요. 글쓰기가 좋다면 PD를 내려 두고 블로그나 작가 일에 집중할 수도 있을 텐데요.

다 할 수 있는데 왜 굳이 한두 개만 해요? 저는 다 재미있어요. 그리고 작가라는 직업은 어떻게 보면 멘토링 비즈니스거든요. 누군가에게 인생을 어떻게 살지 충고해주는 사람이잖아요. 작가들이 피해야 할 게 있는데, 원래 나의 본업을 버리고 멘토링을 본업으로 삼는 거예요. 하지만 멘토링을 하려면 내가 하는 일이 있고, 그 일을 잘해야 해요. 그다음에 '일을 잘하게 된 건 이런 식으로 하고, 이런 식으로 시간을 활용했기 때문이랍니다.'라고 해야 하는데 강연과 말하기만 좋아하면 주객이 전도될 수 있어요. 그런 사람들은 오래 못 가요. 충고를 본업으로 삼는 순간 이 사람이 가진 통찰은 급격히 얇아지고 낡습니다. 그래서 저는 끊임없이 이 안에서 일해야 한다고 생각해요.

PD 님에게 퇴직과 회사는 어떤 의미인가요? 파업 당시 퇴사할 만한 충분한 이유가 있었는데, 그럼에도 퇴사를 선택하지

않은 이유가 궁금합니다.
나심 니콜라스 탈레브의 책 《안티프래질》에 '피라미드는 5천 년이 됐으니 5천 년 뒤에도 서있을 것이다. 하지만 베를린 장벽은 20년 되었으니 20년 내에 사라질 수도 있다.'는 말이 나와요. 어떤 시점에서 무언가가 얼마나 오래갈지를 예측하는 비결은, 그게 얼마나 지속되어 왔는가라는 거죠. 제가 왜 퇴사하지 않았냐면, MBC에 입사하고 15년간 너무 행복했기 때문이에요. 이상하다고 느낀 기간은 그 후 5년 정도였죠. 그런데 5년이 이상하다고 나가면 안 된다고 생각했어요. 힘든 기간이 15년 동안 지속되면 나가려고 했죠. 그건 비정상이 정상처럼 되었다는 뜻이거든요. 근데 15년이 즐겁고 5년이 괴로웠으면 10년은 더 버텨봐야 해요. 전 이게 많은 사람에게 해주고 싶은 얘기에요. 사람들은 힘든 상황에 빠지면 그게 영원할 거라고 여기면서 괴로워하다가 어떤 결정을 하는데, 그게 잘못된 결정일 수 있잖아요. 길게 봐야 해요.

PD님은 회사에서 어떤 점들이 특히 즐거웠나요?
하고 싶은 걸 다 하게 해줬어요. 시트콤, 드라마, 버라이어티쇼 뭐든 하고 싶은 걸 다요. 많은 관리자가 후배들은 시켜야만 일할 거라고 믿어요. 본인이 20~30대 때 신나서 재밌게 일해본 적이 없고, 시키는 일만 한 사람들이라면 더 그럴 거예요. 하지만 일을 잘 하는 사람은, 하고 싶은 일을 해서 잘

하는 거예요. 그러니 하고 싶은 걸 하도록 맡겨줘야 해요.

요즘은 PD 외에 부수입이 늘어서 수입이 많아지셨다고 들었어요.
많아졌어요. 솔직히 말하면 정말 행복해요(웃음).

돈이 없어도 행복할 수 있다는 철학은 여전한가요? 은퇴하면 수입이 줄어서 불행할 거라고 생각하는 사람들에게 어떤 말을 해주고 싶어요?
그럼요, 여전해요. 돈을 기준으로 삼으면 답이 없어요. 은퇴자금으로 얼마를 모으냐는 의미 없다고 생각해요. 돈을 얼마큼 가지고 있어야 한다고 믿는 사람은, 그만큼 못 가지면 불행해져요. 돈에 있어서는 기준이 제로라고 생각해야 해요. 한 푼도 없이 살아도 문제없다고 생각하고 나면, 들어오는 모든 돈에 감사해지죠. 저는 행복은 강도가 아니라 빈도라고 이야기하는데, 월급도 마찬가지거든요. 강도가 아니라 빈도가 중요해요. 많은 사람이 높은 연봉을 좋아하잖아요. 그런데 급여를 많이 받으면 그만큼 일도 많이 해야 해요. 내가 만약 연봉이 1억이면 회사를 위해 100억의 일은 해줘야 해요. 100억만큼을 못해주면 불안해지고요. 그러니 무조건 회사에서 연봉을 세게 받을 생각하지 말아요. 나이 50이 넘으면 높은 연봉이 스트레스로 돌아와요. 수입이 들어오는 통로를 다양하게 만드는 게 좋죠. 이제 주 52시간 근무제가 있잖아요. 퇴근 후 시간도 있고, 주말도 있으니까 시간을 활용해서 유튜브 수익이나 인세를 받겠다, 하면 돼요. 저는 MBC 연봉에 생활 수준이 맞춰져 있어요. 출판사에서 들어오는 인세나, 강연료 등은 모두 보너스인 셈이죠. 근데 제 방식이 모든 사람에게 맞다고 생각하진 않아요. 각자에게 맞는 방법을 찾아봤으면 좋겠어요.

PD님은 퇴직이 기대되나요? 퇴직 후 시간이 더 많아지면 그 시간에 뭘 하고 싶으세요?

기대되죠. 하지만 이미 다 하고 있어서 조금 더 하고 싶은 건 없어요. 너무 기대하고 살지도 않고요. 왜 그런 줄 아세요? 현재에 집중하며 살고 있거든요. 퇴직하고 나서 하고 싶은 것들은 지금도 다 해요. 매년 한 달씩 여행 다니고요.

퇴직 후를 걱정하는 사람에게 해주고 싶은 말이 있나요?

'쓸모'라는 말을 버리면 좋겠어요. 사람이 쓸모가 있다는 건 남에게 쓸모 있단 얘기거든요. 직장, 사회, 가족 등 무엇이 됐든지 말이죠. 쓸모 있어야 한다는 강박으로부터 벗어나야 자유로워질 수 있다고 생각해요. 남에게 어떻게 쓰일지를 생각하지 마세요. 이미 충분히 많이 쓰였어요. 자기 욕심만 채우고 살면 좋겠어요.

PD님은 퇴직을 위해 준비하는게 있나요? 퇴직을 앞둔 사람이 준비해야 할 점이 있다면 뭘까요?

저는 요즘 명함을 안 가지고 다니는데요. 이게 나름의 연습이에요. 50대 남자들은 항상 명함을 주고받으면서 어느 회사의 어떤 직급으로 불리는 사람이라고 소개해요. 그런데 명함 없이 '나'로 살 수 있어야 해요. 얼마 전에 한 대기업에 강연을 갔을 때, 임원분이 명함을 주시더라고요. 제가 '죄송한데 전 없습니다' 하면서 '인터넷에 김민식을 검색하면 제가 어떤 사람인지 나오는데 명함이 왜 필요하죠?' 했어요. 자칫 오해할 수 있을 텐데, 명함 없이도 누구나 알 정도로 유명한 사람이 되라는 게 아니에요. 명함 없이 나라는 사람이 무엇을 하는 사람인지를 알 필요가 있다는 거예요. 쓸모를 신경 쓰지 않아야 한다는 말과 연결되는 거죠.

혹시 20대에게도 해주고 싶은 말이 있나요? PD님은 첫 직장을 2년 만에 관두는 어려운 결정을 하셨잖아요. 사실 요즘도 사회 초년생들은 최소한 2년은 버티라는 이야기를 듣곤 하거든요.

20대에게 해주고 싶은 얘긴 없고요. 그렇게 얘기하는 30~40대 선배들이 너무 이상해요. 한 직장에서 2년은 일하라고 할 게 아니라, 2년 이상 다니고 싶은 회사를 만드는 게 그들의 임무예요. 하지만 그 임무에 대해서는 잊어버리고, 6개월을

세 번째

못 버티고 나가는 후배들에게 '나약한 너희 잘못이야.'라고 한다는 거죠. 즐겁게 일할 수 있는 회사를 만들고 있다면 그렇게 말할 필요도 없거든요. 무조건 버티라고 하는 사람들은 20대를 괴롭히려는 사람들이에요. 일을 많이 시키고 스트레스도 주면서요. 그러니 그건 잘못된 말이죠. 20대가 할 고민이 아니라 선배들이 할 고민이에요.

그럼 첫 직장에서 영업직으로 일했던 20대의 당신에게 현재의 당신이 해주고 싶은 말은 무엇일까요?
저는 20대의 나에게 해줄 말이 없어요. 되게 힘들었는데도 잘 살았거든요. 그때 저는 퇴근하면 여의도에 있는 회사에서 대방역까지 20분 정도를 걸어서, 역 근처 김밥 집에서 김밥을 한 줄 산 다음 종각역까지 가는 1호선 지하철 안에서 먹었어요. 그리고 7시부터 9시까지 통역대학원 입시반 수업을 듣고 집 근처 도서관에 가서 문을 닫는 밤 11시까지 공부했어요. 그리고 집에 가서 12시에 자고 아침 6시에 일어났어요. 아침에는 63빌딩 지하 수영장에 가서 수영했고요. 지금 생각해도 그 시절에 참… 보통 직장 생활 때문에 힘들면 밤에 술을 먹잖아요. 저는 20대의 내가 너무 잘 살았다고 생각해요.

PD님만의 재미 공식은 뭔가요? 이것만 있으면 재밌게 살 수 있다 하는 것들이요.

책이요. 그리고 글쓰기와 여행 이렇게 세 가지예요. 제가 지금 시간을 쏟는 일은 20대부터 쭉 많이 해온 일들이고, 앞으로도 계속 그럴 것 같아요.

앞으로의 삶을 어떻게 살고 싶나요? 10년 후의 당신에게 지금 해주고 싶은 말이 있다면요?

많은 사람이 저에게 이 질문을 해요. 항상 새로운 직업을 가지던데, 나중에 하고 싶은 건 뭐냐고요. 그럼 저는 이렇게 말해요. 한 번도 먼 미래에 하고 싶은 걸 생각해본 적이 없다고요. 그 순간 하고 싶은 게 있으면 그때 해요. 지금도 마찬가지예요. 10년 후에 하고 싶은 건 없고, 그때 하고 싶은 건 지금 다 하며 살아요. 책을 읽고, 글을 쓰고, 여행을 다니면서요. 아마 그때 가서 만약 새로운 뭔가 하고 싶은 게 생긴다면 흐름에 따라서 하겠죠? 유튜브도 할 거라곤 생각 못 했으니까요. 뭐든지 가능성을 열어 둬야죠.

김민식 시간활용 능력 테스트

1. 은퇴라는 단어를 들으면 떠오르는 이미지는 무엇인가요?
✓A 여유와 활력 B 우울과 두려움

2. 은퇴 후 시간활용 계획이 있나요?
✓A 있다 B 없다

3. 최근 6개월 이내 우울감이나 불면증을 느낀 적 있나요?
✓A 없다 B 있다

4. 좋아하는 취미나 수강 중인 강좌가 있나요?
✓A 있다 B 없다

5. 최근에 새로운 그룹이나 친구, 만남을 가진 적 있나요?
✓A 있다 B 없다

6. 갑작스러운 휴일이 주어지면 여행이나 휴식 외 하고 싶은 게 있나요?
✓A 있다 B 잘 모르겠다

7. 당신은 자신이 어떤 사람인지 알고 있나요?
✓A 어느 정도 알고 있다 B 아직 잘 모르겠다

8. 당신은 현재 삶에 만족하나요?
✓A 만족 B 불만족

점수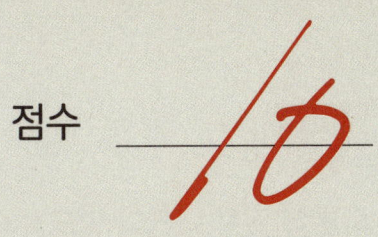

9. 하루 24시간 중 당신이 직접 계획하고 행동하는 시간은 얼마나 되나요?
A 3시간 이상 B 3시간 미만

10. 지금보다 더 만족스러운 삶을 살 수 있다고 믿나요?
A 아니다 B 그렇다

결과

총점 10~8점
당신은 시간활용의 달인이 될 가능성이 높습니다!

총점 7~4점
주인인간으로 살기 위해서는 지금부터 준비해야 합니다!

총점 3점 이하
퇴사/은퇴 후가 걱정되네요.
시간활용 능력에 대해 고민해보세요.

시활의 달인 3   : 김민식처럼

하루를 위한 나만의 밀도

김민식 PD는 자신을 '못생긴 짠돌이'라고 말한다. 고등학교 때는 친구들로부터 왕따를 당했고, 아버지의 뜻에 따라 적성에 맞지 않는 전공을 택해 대학 4년을 겨우 버틴 후 들어간 첫 직장은 2년 만에 때려치웠다. 20년 다닌 회사에서 나가라는 뜻의 부당하고 굴욕적인 인사이동을 당하기도 했다.

하지만 그는 안쓰러운 인생의 고비마다 그냥 당하고만 있지는 않았다. 유머와 춤을 부단히 연마하여 외형적 자존감을 회복하고, 도서관이라는 자신만의 공간을 찾아내 그 안에서 다른 사람이 준 상처를 치유했다. 맞지 않는 직장에 다니면서 돈의 노예가 되지 않으려고 허튼 소비를 줄여 독립적으로 살아내는 경제적 기술을 습득했다. 그리고 자기가 알던 '좋은 회사'로 되돌리고 싶은 마음으로 자신을 해고하려는 직장에서 버티고 버텼다. 바람을 가르고 자전거로 출퇴근하며 분을 삭이고, 술 대신 매일 새벽에 책을 읽고 글을 쓰며 괴로운 시간을 차곡차곡 채워나갔다. 이 시간을 지나 오늘날 그는 여전히 자신이 사랑하는 회사의 PD이며, 또한 작가가 되었다.

청년이라는 생물학적 나이는 지났지만, 누구보다 청년의 순도를 지닌 사람. 그는 어제도 아니고 내일도 아닌, 오직 '지금'을 사는 기술을 연마

한 사람이다. 시간활용의 달인 김민식 PD에게는 몇 가지 특징이 있다.

첫째, 자기 탐구 능력. 살아오면서 얻은 경험을 통해 자기가 어떻게 작동되는 사람인지 안다. 괴로워해도 소용없는 사건과 경험은 잊고 자기를 행복하게 하는 건강한 방법들을 솎아낸다. 남이 어떻게 볼지는 전혀 신경 쓰지 않는다. 남에게 피해를 안 주는 범위 안에서 자기중심적이다. 현실 세계와 자기의 접점이 어디인지 찾아내 그것을 파고든다. 그 과정에서 남보다 시련도 많이 겪고, 고민도 깊었을 것이다. 그러나 어쨌든 그런 방향으로 나아간다.

둘째, 말보다 실행. 누구보다 실행력이 좋다. 그렇지만 이거다 싶으면 일단 저지르고 보는 사람들과는 또 구별된다. 대단히 규칙적으로 꾸준히 반복한다. 바로 실행하는 사람은 꽤 있지만 자기 주제를 알고 목표를 세워 무리하지 않는 선에서 꾸준히 해내는 사람은 많지 않다. 시간활용의 달인들은 모두 꾸준하다. 다른 사람과 경쟁하는 게 아니라 자기 시간을 잘 활용하는 데 목표를 두기 때문이다. 그래서 이들은 지구력이 강하다.

세 번째는 긍정적인 태도다. 김민식 PD는 꾸준히 실패하는데 신나 보인다. 분명히 힘든 상황일 텐데도, 안되는 유머를 적극적으로 시도할 때도, 자전거로 여행하며 만원 이하의 비싸지 않은 점심을 사 먹을 때도, 심지어 파업 데모 때문에 쫓겨나 강제 교육을 받게 됐을 때도 그는 신나 보였다. 강제 교육마저 좋은 강사와 강연 덕분에 유익했다는 그의 태도에 회사도 그를 더 괴롭힐 방법이 없었을 것이다. 한마디로 삶의 굴곡을 놀이로 승화하는 시간활용 기술이 최고다.

김민식 PD는 말한다. "자신을 좋아하는 일이 무엇인지 아는 것과 모르는 것은 천지 차이입니다. 자신이 잘하는 일과 못 하는 일을 구분하는 것도 행복의 중요한 척도 중 하나지요. 다만, 어떤 일을 직접 해보기 전에는 잘하는지 못하는지 알 수 없습니다. 그리고 행복은 강도가 아니라 빈도입니다."

사실 알고 보면 우리는 모두 꾸준히 실패해왔다. 나름대로 굴곡진 사연 없는 사람이 어디 있을까. 그런데 그 경험을 잘 해석하고 이용해 앞으로 나아갈 50~60년의 시간을 어떻게 디자인하느냐에 따라 인생의 성패가 달려 있다.

'85세 정신과 의사' 이근후

더 편제

50여 년간 수많은 환자를 돌본 정신과 의사 이근후.
행복이란 원래 존재하지 않는 것이라 말하는 그는
그럼에도 불구하고 유쾌하게 나이 들자고 말한다.

행복은 없다,
그럼에도 불구하고

먼저 자기소개 부탁드립니다. 자신을 직접 소개한다면 어떻게 소개하고 싶나요?

뭐 따로 소개라고 할 게 있을까요? 다른 사람들처럼 그냥 평범하게 살아왔어요. 일생 동안 교직에 있었고요. 연세대학교에서 전임강사로 근무하다 이화여자대학으로 옮겨 정년 퇴임할 때까지 있었습니다. 어쨌든, 이근후입니다. 허허.

이 책을 읽는 분들은 대부분 선생님보다 어릴 것 같아요. 85년을 살아본 소감이 궁금합니다.

나도 젊을 때는 연세 든 분들이 어떤 생각으로 사는지 궁금했는데, 나이 들어 보니까 이건 말로 설명할 수가 없어요. 누군가 이런 질문을 하면 나이 먹어보라고, 그렇게밖에 못하겠어요. 젊을 땐 나이 든다는 것에 대해 많이 얘기했어요. 근데 그건 그냥 머리에서 나온 소리였지 가슴으로 한 말이 아니더라고. 늙고 보니 괴리가 생기더군요.

《백 살까지 유쾌하게 나이 드는 법》이라는 책을 내셨어요. 제목을 자세히 보면 '어차피 살 거라면'이라는 부제가 더 눈에 들어옵니다. 어떤 의미인가요?

우리 마음대로 할 수 없는 게 몇 가지 있어요. 이 세상에 태어난 것부터가 스스로 선택한 게 아니죠. 마찬가지로 저세상으로 가는 것도 우리가 어찌할 수 있는 게 아니에요. 또 사회적인 제약, 자연적인 제약도 있을 거예요. 하지만 이런 경우를 제외한 나머지 삶은 자신이 선택하는 거예요. 누가 시켜서 한 일도 엄밀히 따지면 자기가 결정한 거잖아요. 젊은 친구들이 금수저, 흙수저 같은 거로 고민하는 걸 보면 안타까워요. 금수저와 흙수저는 분명히 존재하지요. 그게 별거 아니다, 이런 말을 하고 싶은 게 아니에요. 그냥 그대로 인정하라는 거예요. 그래야 그 다음 내가 해야 할 것과 할 수 있는 게 보이거든요. 인정하지 않으니깐 갈등과 고통만 있는 거예요. '나는 금수저가 아니니까…'라는 생각으로 숨으면 더는 할 수 있는 게 없잖아요. 그리고 금수저라고 다 잘되는 것도 아니죠. 황폐한 삶을 사는 경우도 얼마든지 있어요. 내가 흙수저라고 금수저 탓만 하고 있으면 뭐 하겠어요. 받아들이고 내가 할 수 있는 걸 해야죠. 이래 살아도 한세상이고, 저래 살아도 한세상이잖아요. '어차피 살 거라면'은 그런 거예요. 자기 상황을 받아들이고 이왕이면 더 즐겁게 살자는 것이죠.

그런데 그걸 알면서도 행동으로 실천하는 게 쉽지 않아요. 선생님의 책 제목처럼 누구나 유쾌하게 나이 드는 게 가능할까요?

분명 어려운 일이죠. 사회가 자꾸 발전할수록 우리는 더 괴로워져요. 과거에는 밥만 먹으면 행복했어요. 옛날엔 가난한 사람과 부자의 차이가 쌀밥 먹고, 보리밥 먹는 정도의 차이였죠. 우리나라 GNP가 100불도 안 되던 시기가 있었어요. 요즘은 어떤가요? 3만 불이 넘어요. 그런데 지금이 더 불행하다 느끼죠. 이 시대를 살기 위해서 최소한으로 갖춰야 할 게 너무 많아졌어요. 옛날엔 집 있고, 양식 있고, 땔감 있으면 부자였어요. 그러니까 더 노력할 필요가 없었죠. 그런데 지금은 사회적으로 요구되는 최소한의 조건만 갖추려고 해도 너무 어려운 거예요. 오늘 차 타고 왔어요? 자가용은 필수예요, 선택이에요?

제게는 자동차가 필수인 것 같아요. 오랫동안 타고 다녀서 너무 익숙하거든요.

그러니까. 옛날에는 자가용은 금수저나 타는 거였어요. 요새는 필수죠. 그 필수를 충족하기 위해 돈이 들고요. 오늘 어떤 차를 타고 왔는지는 몰라도 보통 자동차는 10~20년은 탈 수 있어요. 그런데 자동차를 만드는 쪽에서 그렇게 오래 타게 두지 않죠. '이걸로 바꿔야 해'라는 생각을 계속 심어 주잖아요. 그럼 돈이 들죠. 그만큼 돈을 벌자니 고달픈 거예요. 자기도 모르게 스스로를 채찍질하게 되죠. 내 주변에는 미국 가서 공부한 친구들이 많아요. 가끔 만나보면 여기 있을 때보다 행복하지 않다고 해요. 아니 선진국이고 우리보다 편리한 것도 많을 텐데 왜 그러냐고 하면, 할부 인생이라 월급 받아 할부금 갚고 나면 남는 게 없다는 거예요. 빚쟁이 인생이라는 거지.

확실히 시간이 갈수록 경쟁이 심화되면서 젊은 세대에게 더 많은 걸 갖추도록 요구하는 것 같아요. 그래서 지금 젊은 세대가 유독 더 좌절하는 것 같습니다. 그럼 어떻게 살아야 할까요?

사회 흐름을 어떻게 바꾸겠어요. 확실한 방법은 없어요. 다만 사회의 요구에 의해 충족해야 하는 것들을 줄이려고 노력해야겠죠. 추상적으로 들리겠지만 욕심을 내려놓아야 해요. 이렇게 말하면 식상할 거예요. 다들 내려놓을 것도 없는데 뭘 더 내려놓느냐고 하지요. 그런데 잘 생각해보면 나에게 필요하지 않은 것인데 사회에서 자꾸 부추기니까 구매하는 것이 꽤 많아요. 대량 생산 시대의 특징이죠. 필요해서 만드는 게 아니라 만들고 나서 필요하다고 설득하는 거요. 요새 '먹방'이 유행하면서 유명 음식점을 가기 위해 줄을 서잖아요. 꼭 거기서 먹어야 할 이유는 없는데 말이죠.

작은 거로 큰 걸 이길 수는 없어요.
대신 작은 걸 구슬 꿰듯이
길게 이으면 작기는 해도
오래갈 수 있어요.
그렇게 작은 기쁨을 꿰다 보면
애초에 큰 행복보다 오래
누릴 수 있어요.

선생님의 책에서 '대신 작은 기쁨을 많이 찾기 위해 노력하라'는 말씀이 인상적이었습니다. 삶의 시련은 일상의 작은 기쁨들로 회복된다는 말씀이요.

그렇죠. 거창하고 큰 거를 내려놔야 한다는 거예요. 자가용이 필수가 아닌 사람도 분명 있어요. 그럼 대중교통을 이용하면 되죠. 이건 사람마다 목표가 다르니까 어떤 기준을 제시하는 건 아니에요. 자기에게 맞는 맞춤복을 사라, 이런 얘기예요.

선생님은 평소 어떤 작은 기쁨들을 찾으시나요?

지금 나에게는 원고 쓰고 강연하는 그런 기쁨이 있지요. 작은 거로 큰 걸 이길 수는 없어요. 대신 작은 걸 구슬 꿰듯이 길게 이으면 작기는 해도 오래갈 수 있어요. 예를 들어 저는 오늘 이 인터뷰가 즐거워요. 이 즐거움이 일주일 정도 간다고 한다면 그때 가서 다른 누군가와 또 인터뷰하는 거예요. 그렇게 작은 기쁨을 꿰다 보면 애초에 큰 행복보다 오래 누릴 수 있어요. 그리고 어린 시절에는 공부가 힘들었지만 1등 하면 부모님이 좋아하고 칭찬해주실 때의 기쁨이 컸어요. 그 기쁨으로 공부의 어려움을 이겨낸 거지.

선생님은 교수로 정년 퇴임까지 한 분이라 어릴 때부터 공부를 좋아하셨을 것 같은데 아닌가요?

아니에요. 사실 어릴 때 한 공부는 내 공부가 아니었어요. 초등학교 다닐 때는 공부 잘하면 부모님이 즐거워하시니깐 열심히 한 거예요. 부모님께 칭찬받고 싶어 1등이 되고 싶었지. 그런데 아무리 노력해도 따라갈 수 없는 친구가 하나 있었어요. 운동도 잘하고 리더십도 있었죠. 집이 엄청 가난해서 수업 끝나면 고구마를 삶아 팔았어요. 보통 애들 같으면 부끄러워서 숨길 텐데 걔는 그런 것도 없었어요. 그때 내가 깨달은 게 있어요. 1등은 하늘이 딱 정해주는 거구나, 저런 친구가 1등 하는 거고 나는 열심히 하면 2등, 안 하면 꼴찌 하는 사람이라는 걸요. 그런데 이게 슬픈 게 아니라 인정을 하고 나니깐 어린 나이에도 마음이 안정되더군요. 문제는 중학교 때부터였어요. 중학교에 갔는데 1학년 때 전교 1등을 한 거예요. 눈물이 왈칵 쏟아질 만큼 좋았지만 내 고통은 그때부터 시작이었지. 1등을 유지해야 하잖아. 엄청 힘들었어요.

전교 1등을 해본 적이 없어 그걸 유지해야 한다는 게 어떤 기분인지 상상이 잘 안 되네요.

내가 6학년 때 깨달은 게 맞았어요. 1등은 정해져 있다는 거. 우리 반에 나보다 더 뛰어난 친구가 있었어요. 근데 걔가 생각이 더 앞서 있어서 그런지 영어 시험에는 항상 백지를 냈어요. 우리말도 부족한데 남의 나라말을 왜 배워야 하냐는 거지. 그 덕에 내가 1등을 한 거예요. 나중에 그 친구가 영어 공부를 하면서 부터는 내가 1등을 할 수가 없었어요. 그 친구는 나중에 육군사관학교 가서 중장으로 제대하고 대학교 수까지 했어요. 그때는 내가 아무리 1등을 하려고 해도 안 되더라고. 고통스러웠죠. 그러다 중학교 3학년 때 6.25사변이 났어요. 그 핑계로 공부를 더 안 하게 됐어요. 사실 그때는 공부할 수가 없었어요. 학교는 전부 군인들이 차지하고, 우리는 금호강 건너 야산에 들어가 창문도 없는 가건물 하나 빌려 공부를 했거든요. 겨울에 얼마나 추웠는지 지금도 기억이 생생해요. 대학에 가서도 낙제 안 될 만큼만 공부했어요. 시와 그림을 좋아해서 시인들 많이 만나고 산악회 만들어서 산에 다니고 했죠.

내가 1등은 아니구나라는 걸 초등학교 때 깨닫고 받아들였다는 게 놀라워요. '어차피 살 거라면'의 의미처럼 선생님은 현실을 인정하고 받아들이는 게 중요하다고 강조하셨어요. 선생님 건강이 안 좋아졌을 때도 쉽게 받아들이셨나요?
어떤 일이든 항상 그걸 받아들이지 않고는 다음을 생각할 수가 없어요. 지금 시력을 많이 잃었는데 건강이 안 좋아지는 걸 받아들이는 건 쉬운 일이 아니었어요. 그래도 이렇게 생각했어요. 병도 지가 살려고 내 몸에 붙어사는 거고 그럼 나는 하숙집이구나, 이런 생각이요. 네가 내 몸에 기생하고 있기는 하지만 내가 활동할 수 없을 정도로 해롭게 하지는 마라, 하면서 달랜 거죠. 더 해로워지지 않을 방법으로 나는 의사 말을 열심히 들을 수밖에 없었어요. 몸에 좋다는 거라도 의사가 먹으라는 말 없으면 안 먹어요.

50여 년간 수많은 사람을 상담해주셨어요. 선생님을 찾아오신 분들은 주로 40대라고 들었습니다. 40대 분들을 보면 어느 정도 경제적으로 자리도 잡았는데 삶이 좀 허무하고 내가 남의 인생을 산 건 아닐까? 잘못 살아온 게 아닐까? 하는 고민을 많이 하는 것 같아요.

한참 일을 할 때는 그런 허무를 안 느껴요. 발등에 불이 떨어지는데 허무하고 말고 할 게 아니잖아요. 온전히 자기 자신으로 존재하는 균형 감각이 중요해요. 아까 얘기한 대로 자기 기준, 자기 맞춤이요. 너나 나나 똑같다는 말은 잘못된 얘기예요. 절대로 같을 수가 없어요. 금수저도 있고, 노력하는 사람도 있고, 아닌 사람도 있고, 천차만별이지.

자기 자신으로 존재하는 균형 감각을 위해서는 먼저 자신을 알아야 하잖아요. 어떻게 알 수 있을까요?

직면해 봐야죠. 자기 몸을 보려면 거울 앞에 서잖아요. 어떻게 생겼는가 하고. 마음이라는 것도 거울 앞에 서야 해요. 나를 직면하는 거울 앞에요. 그런데 그게 어렵다고 하는 게 왜 그러냐 하면, 자기를 똑바로 바라보려고 하는 사람이 없어서

그래요. 보면 괴로운 것이 너무 많으니까. 그 괴로움을 안 보고 자신을 포장하고, 좋은 것만 보려고 하죠. 자신을 똑바로 보기 위해서 노력하는 게 가장 중요해요. 명상도 좋고, 본인의 직업을 통해서도 좋고, 어쨌든 나는 무엇인가 하는 질문을 계속 던져야 해요. 해답은 하루아침에 깨닫는 게 아니라 질문이 누적되면서 나오는 거예요.

그럼 선생님은 어떻게 자신을 알게 됐나요?
생각해보면 내 인생에서 몇 가지 큰 사건이 있었던 것 같아요. 그중 가장 큰 사건은 4·19혁명 때 일어났어요. 그때 나는 대학교 졸업반이었어요. 어쩌다가 학생회에서 4·19 지도자 자리를 맡게 됐는데 그때 내가 엄청나게 변했어요. 데모하다 보니까 내면에 억눌렸던 게 막 표출되는 거예요. 1등에 대한 부담 이런 거. 너무 신명 나더군요. 신명 나게 하니까 애들이 다 잘 따랐어요. 근데 문제는 4·19가 끝나고 교내 문제가 불거졌을 때 일어났어요. 내가 이제 시험공부 해야 한다고 학생회 안 한다니까, 애들이 이 문제는 끝내 놓고 가라는 거예요. 그러다 주동자로 끌려 들어갔어요. 그렇게 교도소에서 10개월 살았죠. 교도소에 앉아서 4·19 때 분출했던 걸 가만히 생각해보니까, 내가 했던 건 사회 정의를 위한 것만이 아니라 내 개인적인 문제도 있구나 싶더군요. 개인적인 문제를 사회적으로 포장하면 이런 모습이구나 했어요. 내가 정의롭다고 떠들었는데 실제 나는 그게 아니었어요. 그렇게 10개월 형을 살고 나와서 레지던트 할 때 고생을 많이 했어요. 취직이 안 되더군요. 어딜 가든 전과가 있어서 안 된다고 했어요. 공부는 해야 하겠고… 그때 무슨 용기였는지 학회 찾아가서 시험 자격 달라고 따지고 그랬어요.

이후 선생님은 국립정신병원에서 의사로 성장하게 됩니다. 국립정신병원은 어떻게 들어가게 됐나요?
그때 박정희 대통령이 비상령을 내려서 전국 무의촌을 모두 없애려고 했어요. 좋은 생각이지만 의사가 어디 있나요? 그러니까 나이가 많건 적건 간에 군대 안 갔다 온 사람은 싹 다 잡아갔어요. 나는 4·19문제로 전과자가 되어 군대를 가지 않았어요. 결국 상주 골짜기로 끌려갔죠. 근데 당시에 면목동에 있는 국립정신병원을 보니깐 정신과가 없더군요. 찾아가서 이게 말이 되냐, 나를 거기에 보내 달라고 했어요. 원래 이렇게 진취적인 성격은 아니었어요. 4·19를 통해서 확 바뀐 거죠. 국립정신병원에 가려면 공무원으로 발령돼야 했어요. 그런데 문제는 내가 전과가 있어서 법적으로 안 된다는 거예요. 의료법을 위반한 죄는 아니라 의사 면허는 유지되는데 전과 때문에 공무원으로 발령은 안 되는 상황이라 위에서도 고민을 많이 했어요. 그때 해결책으로 장관급 이상 인사한테 신원보증을 받아오면 발령을 내주겠다고 하더군요. 그때 마침 대학교 산악회로 인연을 맺었던 이효상 당시 국회의장이 생각났어요. 찾아가 사정을 말하고 도장을 받아서 제출했어요. 그러니 사흘 만에 발령을 내주더라고요.

그런데 갑자기 4·19혁명이 재평가되면서 사면자가 되어 입영 통지를 받으셨어요. 어렵게 들어간 국립정신병원을 뒤로 하고 군대에 가셨죠. 이 정도면 하늘이 나를 의사로 살지 말라는 게 아닐까, 그런 생각은 안 드셨나요?
내 삶은 뭔가를 제대로 해보려고 하면 계속 막히는 게 반복됐어요. 국립정신병원에서 임상 경험을 쌓으며 의사로 성장하고 있는데 갑자기 4·19 사면자가 되어 군대에 가게 됐어요. 그때는 군에 대한 분노가 머리끝까지 차 있었어요. 그런 화를 가슴에 담고 살았죠. 의사로서 이놈들한테 원수를 갚아야겠다는 생각으로 버텼어요.

원수를 갚는다? 어떻게요?
그때는 내가 의사가 돼서 군인, 검찰, 교도관은 절대로 치료를 해주지 않겠다는 생각을 갖고 있었어요. 이 세 부류의 사람들은 응급실에 와서 죽는다고 해도 내가 안 봐준다고 속으로 마음먹었지. 하지만 그게 어디 되나요? 의사가. 어느 날 교도관이 교통사고로 응급실에 들어왔어요. 우리 쪽에는 신경외과가 없어서 수술을 못 하는 상황이었어요. 가족들한

테 서울로 데리고 가라고 했어요. 그런데 중학생쯤 된 아이가 죽어도 좋으니 수술 한 번만 해달라고 내 의사 가운을 잡더군요. 수술할 선생님이 없어서 안 된다는데, 의사면 누구든지 해야지 왜 안되냐는 거예요. 그게 내 마음을 움직였어요. 이렇게 서울로 가는 동안 어차피 죽을 테니 우리가 어떻게든 수술해서 살려보자고 외과 과장을 설득했어요. 자기는 배 째는 사람이지, 머리 째는 사람 아니라는 외과 과장에게 그래도 째본 거는 당신 아니냐고 졸라 가지고 수술을 해서 그 교도관을 살렸어요. 그때 마음의 화가 풀렸어요. 적군도 치료하는 게 의사인데 내가 이런 마음을 먹으면 안 되겠구나 깨달은 거죠.

의사로서 선생님의 삶은 정말 굴곡이 많은 것 같아요. 그럼에도 불구하고 계속 그 안에서 답을 찾으려고 노력하신 것 같아 존경스럽습니다.

살다 보면 어떤 사건이나 문제가 생기는데 그건 어쩔 수 없고 본인이 어떻게 선택하느냐에 따라 삶이 달라진다고 봐요. 내가 이 분노와 한을 어디에 풀 것인지에 따라 달라지겠죠. 나중에 보니 내가 준비가 안 되어 있었다는 생각이 들었어요. 군대 소집 명령이 떨어졌을 때 친구들은 미국 의사 시험을 쳐서 다 미국에 갔어요. 졸업생의 3분의 2가 갔죠. 나는 졸업 시험 볼 준비가 안 되어 있었던 거예요. 그 상황에서 남

탓만 한 거지. 그래도 군대에서 열심히 생활하고 그 상황에서 내가 할 수 있는 최선을 다했어요. 그러다 군대 제대 후에 연세대에서 전임강사로 3년 근무하고 이후 이화여자대학교 교수로 정년퇴직 때까지 쭉 지냈죠.

선생님은 원래 시와 미술을 좋아해 미술학도를 꿈꾸었다고 들었습니다. 미술을 좋아하게 된 계기가 있나요?
아주 우연한 계기가 있었어요. 미술 선생님이 아주 엄했어요. 그래서 수업 준비를 잘 해야 하는데 화장실 다녀오니깐 정면 바라보는 좋은 자리는 전부 다 차지한 거예요. 어쩔 수 없이 측면에 앉아서 그림을 그렸어요. 선생님이 내가 그린 거를 보더니, 칠판에 딱 붙이면서 그림은 이렇게 그려야 한다고 하시는 거예요. 정면에서만 그리는 게 답이 아니라는 거지. 졸지에 선생님 눈에 띄어서 그 후로 미술대회가 있으면 나를 내보내셨어요. 그게 나는 걱정이었어요. 잘해야 하니까. 집에 가서도 맨날 그림 그리고 그랬죠.

그런데 왜 미술 쪽으로 진학을 안 하고 의대를 가신 거예요?
원래는 미술대학에 가고 싶었어요. 6.25사변 때 내가 키가 좀 커서 길에 돌아다니면 바로 잡혀갔어요. 그때는 길에서 징집해서 일주일 훈련 시키고 전방에 투입하고 그랬으니까. 나는 나이가 아직 안되니깐 풀어주긴 했는데 나보고 국방부

정훈국에 가서 심부름이나 해주라고 했어요. 그때 내가 누굴 만났냐면 '이중섭' 화가예요. 그때는 이중섭이 누군지도 모르고 집에 놀러 가고 그랬어요. 그런데 이중섭을 보니깐 나는 화가 해서는 안 되겠구나 딱 판단이 섰어요. 너무 천재를 만난 거지. 미술을 직업으로 삼기에는 내게 그런 천재성과 창의력이 없다는 걸 깨달았어요.

이중섭을 만나서 깔끔하게 삶의 방향을 바꿀 수 있었다는 게 어찌 보면 부러워요. 다들 자기가 좋아하는 거를 찾거나, 직업을 선택하는 걸 굉장히 어려워하잖아요. 그래서 고민을 많이 하고요.

자기를 바로 보기 위해 시간을 투자하지 않아서 그래요. 누구나 탤런트를 가지고 있다고 생각해요. 모를 뿐이지. 자기를 바로 보면 가진 게 있어요. 그런데 그건 하루아침에 나타나는 게 아니죠. 술을 먹으면 우선 즐겁잖아요. 보통은 술 마시는 게 먼저인 거죠. 그런데 거기에 빠지다 보니까 본래 자기가 가지고 있는 탤런트를 모르게 되는 거예요. 자기를 바로 봐야 해요. 바로 보면 누구나 갖고 있는 게 있어요.

선생님도 막상 의대 진학 후 의학이 적성에 맞지 않아 방황하셨다고 들었어요.

아까 말한 것처럼 대학 때는 낙제 안 당할 만큼만 공부했어요. 공부의 고통에서 벗어나기 위해 산에 다니면서 즐거움을 찾았고요. 그래서 지금 남아있는 지식은 없어요. 그때는 할 수 없이 공부한 거예요. 연세대에서 전임강사로 있을 때는 레지던트들을 가르쳐야 하는데 나보다 더 똑똑했어요. 그래서 나도 더 열심히 공부했고요.

선생님은 삶의 어려운 순간들에서도 작은 즐거움을 찾으려고 하신 것 같아요. 그런데 어떤 분들은 내 삶은 팍팍하고 바빠서 즐거움을 찾을 여유가 없다는 생각을 할 수도 있어요.
나를 알아야 한다는 말을 빼고는 어떤 말도 할 수가 없어요. 이게 전제되면 언제든 방법이 생긴다고 봐요. 옛날에 KBS에서 다큐멘터리를 하나 방송했는데, 미국에 있는 금성사 공장을 취재한 거예요. 거기서 금성사 사장이 근로자 가족한테 '당신 남편이 우리 공장에서 참 열심히 일해줘서 고맙다. 내가 뭔가 선물하고 싶은데 뭘 했으면 좋겠냐'고 묻더라고요. 나는 당연히 보너스 달라고 할 줄 알았는데 대답이 엉뚱했어요. '남편을 제시간에 보내주세요'라고 하더군요. 그때는 이게 무슨 뚱딴지같은 소린가 했는데, 이제 생각해 보니 지금은 시간이 중요한 시대잖아요. 시간이 있어야 자기를 돌아보든, 취미를 갖든 하니까. 그 사람은 자기에게 중요한 건 남편과 보내는 시간이라는 걸 알고 있었던 거예요.

이전 세대는 보통 청년일 때는 직업적으로, 경제적으로 안정을 이루기 위해 무리해 일했습니다. 그러고 나서 40~50대에 퇴직 후 그동안 못한 걸 하려고 했고요. 지금 젊은 세대는 청년 시기부터 좋아하는 일을 하며 살고자 합니다. 하고 싶은 일을 빨리 찾지 못해 좌절도 하고요. 선생님은 무엇이 더 건강한 삶이라 생각하시나요?

나는 재능을 권하고 싶어요. 당장 돈이 되든 안 되든 재능 있는 걸 꾸준히 하면 돈이 될 거 같아요. 근데 단기간에 뭘 해결하려고 하면 아무리 재능이 있다 한들 쉽겠어요? 나는 그렇게 권하고 싶은데, 꾸준히 견딜 사람이 많을까? … 허허. 이게 문제인 거죠.

비슷한 이유로 지금 젊은 세대는 1~2년 근무 후 퇴사하는 사람이 많습니다. 자기에게 맞는 직업을 찾고 싶어서 말이죠. 그런데 하나의 일을 오래 해보지 않으면 알 수 없다는 말도 있어 고민하게 되는데 인생의 선배로서 조언해주신다면요?

그건 어느 쪽이 좋다 하기는 어려운 거 같아요. 자기를 탐색하기 위해서는 직업이나 회사를 옮겨 보는 것도 괜찮아요. 옮겨 다니면서 나에게 맞는 일이 있는지 탐색하는 의미에서는 좋은데, 적응이 어렵다고 무조건 옮기는 건 또 아닌 것 같고요. 내 재능에 상응하는 보상을 줄 수 있는 곳이 어디 있는지 찾아보는 것도 나를 바로 보는 과정 중에 하나라고 생각해요.

선생님의 삶은 한 인간으로서 완벽한 삶이라는 생각이 들어요. 좋은 직업과 명성, 소중한 가족… 또 선생님의 책을 보면 어차피 지나간 삶을 후회하지 말자고도 하셨어요. 그럼에도 후회하는 게 있나요?

제가 완벽해 보이는 건 착각이에요. 책만 읽고 이 사람은 이렇구나,라고 생각하니까. 지금의 나이가 돼서야 깨달은 것도 많은데 젊을 때부터 그랬다고 생각하는 거죠. 후회되는 거 중 하나는 나는 엄청 모범생이었어요. 모범생이라서 싸움을 못 해봤어요. 싸움은 안 하는 게 낫잖아요. 싸우면 벌서고 혼나니까. 무엇보다 내가 싸울 만한 힘도 없고… 그런데 싸움도 좀 해볼 걸 그랬다는 생각이 들어요.

요즘 매일 아침 선생님이 가장 먼저 하는 생각은 무엇인가요?

눈뜨면 '아 살았구나. 감사하다.'라고 생각해요. 나는 종교는 없지만, 기독교에서 하는 말 중에 '범사에 감사해라.' 이게 마음에 들어요.

누구나 한 번은 죽게 됩니다. 하지만 죽음은 멀게 느껴져요. 선생님께 죽음은 어떤 의미인가요?

죽음을 준비한다고 하면 조금 외람된 말이고… 어느 날 퍼포먼스 하는 미술 전시회에 갔는데 관을 놓고 사람이 드러누워 있더군요. 저게 누구냐고 했더니 작가래요. 그래서 내가 '참 허황된 짓을 한다. 지는 전시회 끝나면 일어서서 나갈 수 있으니까 드러누워 있는 거지. 정말 죽을 놈에게는 사치스러운 생각이다.' 했어요. 점점 나이가 들수록 그런 불안이 증가하는 거예요. 언제 갈지 모르잖아요. 이런 인터뷰를 할 때는 그런 생각 안 하다가도 이 즐거움의 약효가 떨어질 만하면 휑한 바람이 한 번씩 부는 거죠. 슬프잖아요. 나도 모르게 눈물이 좀 고이기도 하고… 전에 없던 변화인 거지. 이제 죽음이 가깝다는 뜻이고. 누구나 겪는 그런 경험이지만 젊은 사람들이 자각을 못 하는 건 아직 시간이 많이 남았다는 생각 때문에 그래요.

선생님은 그동안 삶의 모든 것을 받아들이셨잖아요. 죽음도 받아들이고 계신가요?

모든 걸 덮어놓고 받아들인 게 아니라 내가 어찌할 수 없는 것만 받아들인 거예요. 내 능력으로 어찌 할 수 없는 것만. 내 친구 중에 철학자가 하나 있는데, 그 친구랑 대화하다 보면 개가 자주 하는 말이 있어요. "할 수 없지 뭐." 그때는 이상하게 들렸어요. 너는 뭐 노력도 안 해보고 할 수 없다고 하냐 그랬는데, 개 말은 하는 데까지 해보고 능력이 안 되면 할

수 없다는 얘기라고 하더라고요. 그 말에 참 많은 게 담겼구나 싶어요.

선생님은 이렇게 나이 들고 싶다고 정한 원칙 같은 게 있나요?
나는 그런 생각도 안 하고 그냥 즐겁게 살았어요. 그런데 첫 번째 책을 내면서 출판사 편집팀하고 인터뷰했는데 나더러 자서전을 쓰라고 하더군요. 내가 말도 안 된다고 했어요. 내 경험을 쓸 수야 있는데, 그걸 누가 읽겠냐고. 그랬더니 편집팀에서 그러는 거예요. 그걸 왜 선생님이 걱정하시냐고. 그건 우리가 걱정해야 할 일이라고. 그래서 책을 냈더니 그게 몇십만 부가 팔리면서 여러 군데 강연도 다니고 인터뷰도 하게 됐어요. 그렇게 활동하면서 생각한 게 '기획된 책은 베스트셀러가 됩니다. 기획된 인생은 베스트 라이프가 됩니다.' 이거예요. 이 주제로 강연을 많이 했어요. 인생도 그냥 어영부영 살 게 아니라, 베스트셀러 만들 듯이 많이 의논하고, 계획도 세우고, 이렇게 이모작을 하면 아주 베스트가 될 거라는 거죠. 늦게 알았지만, 맞는 거 같아요. 그게 다 옳다는 게 아니라, 기획하지 않은 삶보다는 기획한 삶이 상대적으로 그렇다는 말이에요.

네 번째

누구에게나 24시간이 주어집니다. 시간만큼 신비하고 공평한 게 없는 것 같아요. 그 시간을 어떻게 보내느냐에 따라 삶이 달라진다고 생각해요. 선생님에게 시간은 어떤 의미인가요? 돌아 보면 선생님은 시간을 어떻게 보낸 것 같나요?

시간은 모두에게 공평해요. 공평한데 어떤 사람들에게는 지루하게 느껴지고, 다른 누군가에게는 너무 빨리 지나가는 것으로 다가오죠. 개인이 느끼는 건 다르지만 흐르는 시간은 똑같아요. 이왕 똑같은 거라면 재밌게 살아야지. 나는 그래도 하고 싶은 거 다 하고 살았어요.

퇴직 이후의 삶이 더 즐거우세요? 아니면 그 전의 삶이 더 즐거우세요?

퇴직 후가 훨씬 더 즐거워요. 그전에는 온전히 나를 위해서 산 건 아니거든요. 부모님께 잘 보이기 위해, 대학에서 낙제하지 않기 위해. 지금은 그냥 나를 위해 하고 싶은 거 다 하잖아요. 나는 퇴직을 5년 정도 준비했어요. 퇴직을 어떻게 하면 좋을지 누가 가르쳐주는 게 아니니까 선배들 보고 연구했죠. 퇴직할 때 반응이 두 가지더군요. 한쪽은 엄청나게 원망하고 떠나요. 회사가 자기에게 해준 게 뭐냐 이거지. 아직 더 일할 수 있는데 왜 내쫓냐고 화를 내요. 한쪽은 잘 받아들이고요. 통계를 낸 건 아니지만 화를 내고 떠난 사람들이 일찍 죽더군요. 나는 잘 받아들이기로 한 거예요.

선생님을 보면 자신이나 현실 문제에 대해 바라보는 걸 정말 잘하시는 것 같아요.
퇴임할 때 이렇게 강의했어요. 지금까지는 내가 너희들 스승이었다. 하지만 오늘부터 너희들이 내 스승이다. 그건 사실이에요. 왜냐면, 교수를 하다 퇴직하면 그만큼 책 읽을 시간이 없어요. 걔들은 계속 최신 지식을 채우겠죠. 그러니 자기들이 날 가르쳐 줘야지. 그런 걸 잘하는 애가 있어요. 요새는 걔를 만나야 세상 돌아가는 걸 알아요.

선생님의 삶을 돌아보면 언제 행복을 느끼셨나요? 선생님만의 행복 공식을 정의한다면? 저는 혼자 있는 시간과 내일에 대한 고민이 없을 때, 나를 소중하게 생각하는 사람이 있다는 걸 느낄 때 행복합니다.
나한테는 정해진 행복 공식이 없어요. 이것저것 해보고 즐거우면 그게 공식이지 뭐, 안 그래요?

선생님이 20~30대로 돌아간다면 선생님 스스로에게 어떤 말을 해주고 싶으세요?
없어요. 돌아갈 수 없는 일을 자꾸 가상하면 안 되지. 나한테는 돌아갈 수 없는 20대예요. 우리 환자들 공통점이 그거예요. 자기가 어찌할 수 없는 과거와 아직 오지 않은 미래에 집착하는 거. 그거 때문에 괴로워하는 거예요.

이근후 시간활용 능력 테스트

1. 은퇴라는 단어를 들으면 떠오르는 이미지는 무엇인가요?
A 여유와 활력 B 우울과 두려움

2. 은퇴 후 시간활용 계획이 있나요?
A 있다 B 없다

3. 최근 6개월 이내 우울감이나 불면증을 느낀 적 있나요?
A 없다 B 있다

4. 좋아하는 취미나 수강 중인 강좌가 있나요?
A 있다 B 없다

5. 최근에 새로운 그룹이나 친구, 만남을 가진 적 있나요?
A 있다 B 없다

6. 갑작스러운 휴일이 주어지면 여행이나 휴식 외 하고 싶은 게 있나요?
A 있다 B 잘 모르겠다

7. 당신은 자신이 어떤 사람인지 알고 있나요?
A 어느 정도 알고 있다 B 아직 잘 모르겠다

8. 당신은 현재 삶에 만족하나요?
A 만족 B 불만족

점수 _____ 8

9. 하루 24시간 중 당신이 직접 계획하고 행동하는 시간은 얼마나 되나요?
A 3시간 이상 B 3시간 미만

10. 지금보다 더 만족스러운 삶을 살 수 있다고 믿나요?
A 아니다 B 그렇다

결과

총점 10~8점
당신은 시간활용의 달인이 될 가능성이 높습니다!

총점 7~4점
주인인간으로 살기 위해서는 지금부터 준비해야 합니다!

총점 3점 이하
퇴사/은퇴 후가 걱정되네요.
시간활용 능력에 대해 고민해보세요.

시활의 달인 4　　　　　　　　　　　　: 이근후처럼

나를 보는 훈련

"살면서 한 번은 마음의 거울 앞에 서라"
아흔을 앞둔 정신과 의사 이근후 선생의 말이다.

글을 보면 그 사람을 알 수 있다고 하는데 항상 그런 것은 아닌 것 같다. 어떤 사람이 여러 권의 책을 쓰고 강연을 한다고 해서 실제로 그 사람이 자기 책에서 내보인 인간상과 반드시 일치하리라 생각하면 오산이니까. 글로는 명언을 줄줄이 쏟아내는데, 만나보면 자기 인생을 작품처럼 살지 못하는 사람들이 생각보다 많다. 글과 삶이 심하게 불일치하는 경우라고 할 수 있다.

그렇다면, 이근후 선생은 자신이 말한 대로 '마음의 거울' 앞에 선 적이 있는가? 답은 '그렇다'이다. 포장지를 벗긴 자신의 모습을 끊임없이 직면하면서 '나는 누구인가' 집요하게 물어본 사람임에 틀림없다. 이런 사람이 전하는 시간의 지혜는 뜨거운 가마의 불과 장인의 안목을 거쳐 만들어진 도자기처럼 견고하고 품위 있다. 선생은 시간활용이든 행복한 삶이든, 자기가 누구인지를 모른다면 다 헛것이라고 일갈한다.

시간활용의 달인 이근후 선생의 가장 큰 특징은 자기 객관화이다. 자기가 지나온 역사 그리고 나고 자란 환경과 사건들 속에서 자신이 취한 선택들이 오롯이 현재의 자기 모습이라고 생각한다. 그래서 스스로에 대해 과한 연민과 동정이 없다. 마치 남 얘기하듯 거리를 두고 자기를 설명한다. 운명인 것과 아닌 것, 그 안에서 할 수 있는 것과 없는 것을 철저히 구분함으로써 쓸데없이 시간을 낭비하지 않는다.

이 낭비되지 않은 시간은, 선생이 인터뷰에서 말한 '작은 구슬로 긴 목걸이'를 엮는 데 쓴다. 즉, 작은 행복을 무시하지 않는 것이다. 남과 비교해 얻는 상대적 즐거움이 아니라, 나에게만 적용되는 절대적인 즐거움과 행복이 무엇인지 아는 사람이 살아내는 시간의 밀도는 남다를 게 분명하다.

'일상 디자이너' 박혜윤

다섯 번째

스스로의 삶과 주변을 잘 돌보는 것이 결국 변화를
만들어낸다고 말하는 박혜윤. 그녀가 일상을
자신만의 것으로 회복하는 방법과 그 과정에서
맞닥뜨리는 당연하고 건강한 고민을 배우자
이창석과 함께 헤쳐 나가는 이야기.

느리지만 선택지를
넓혀가는 용기

안녕하세요. 자기소개 부탁드려요.

혜윤 안녕하세요. 박혜윤입니다. 저를 소개하자면 '느린 사람'이 어울릴 것 같아요. 멀리 보는 걸 잘 못하고, 큰 그림을 잘 못 그려요. 그래서 순간에 집중하며 살려고 하죠. 순간이 중요하기 때문이라기보단, 멀리 보는 걸 못해서예요. 경험하지 않으면 잘 모르거든요. 또 저는 일상이 되게 중요한 사람이에요. 그래서 2017년에 다니던 곳을 퇴사하고 1년 동안 비전화 공방에 다녔어요. 비전화 공방은 전기와 화학제품 사용을 최소화하는 삶의 방식을 알려주는 곳이에요. 그곳에서 자립과 자급자족을 위한 일상생활 기술을 배웠죠. 목공이랑 건축도 배우고, 다같이 밥 해먹는 일 같은 것들이요.

창석 안녕하세요. 저는 38세 이창석입니다. 저도 인생 전반적으로 되게 느렸어요. 남들보다 철도 늦게 들고, 대학도 늦게 들어가고, 취직도 늦고, 하고 싶은 것도 늦게 찾았어요. 어릴 때부터 영화를 포함해 이것저것 좋아하는 게 많았거든요. 지금은 회사를 그만두고 디자인 관련 일을 하고 있습니다.

혜윤 씨는 일상을 소중히 여기게 된 특별한 계기가 있나요?
혜윤 회사에 다닐 때 일하면서 제 일상이 엉망이 되는 게 싫었어요. 청소와 빨래 같은 집안일이나 주변 사람을 챙기는 일이 쳐내야 할 미션처럼 되어버리는 게 싫어서, 기쁜 마음으로 일상을 꾸려가는 게 보장되면서 돈벌이도 할 수 있으면 좋겠다고 생각했어요. 지금 비전화 공방에서는 제가 원하면 하고, 아니면 안 해도 되는 선택할 수 있는 일들을 하고 있어요.

회사에 다닐 땐 어떤 일을 했어요?
혜윤 공익 단체를 지원하는 재단에서 10년 정도 일했어요. 비영리 단체나 시민 단체가 모금보다는 활동에 전념할 수 있도록 그 단체에 돈을 지원하는 거죠. 단체들이 안정적으로 활동할 수 있도록 인프라를 지원하는 역할이에요. 저는 재단에 기부해주는 회원들을 대상으로 행사나 정보 관리하는 일과 비영리 단체, 시민 단체를 위한 지원사업을 보조하는 일을 했어요.

두 분은 재단에 다닐 때 만나게 되었다고요.
창석 저희는 같은 팀에서 함께 일했어요. 제 첫 직장은 일반 기업이었어요. 영업 실적을 입력하고 목표를 세우는 영업 관리 일이었죠. 근데 점점 흥미도 사라지고 앞으로에 대해 잘 모르겠더라고요. 영화를 좋아해서인지 더 창의적인 일을 하고 싶었어요. 회사를 다니면서 사회문제에 조금씩 관심이 생기기도 했고요. 사내의 분위기라든지 회사가 직원을 대하는 태도 등에서 인간적인 대우가 배제된 느낌을 받았거든요. 그래서 노무사 시험을 준비했는데 잘 안됐어요(웃음). 그때 공익재단의 공고가 눈에 들어왔죠. 그래서 지원하고, 합격해서 다니게 됐습니다.

혜윤 씨는 공익을 위해 일하게 된 계기가 있나요? 사실 대부분의 사람들은 대기업이나 전문직을 원하잖아요. 매력을 느낀 부분이 있었는지 궁금해요.

혜윤 어렸을 때부터 누군가에게 필요한 사람으로 살고 싶다는 생각을 했어요. 중학교 때 일기에 그렇게 쓰여있더라고요. 어릴 적에 인도네시아에 살았는데, 크리스마스가 되면 엄마가 음식을 만들어서 동네 아이들을 초대해서 다같이 먹고 그랬거든요. 그게 막연하게 좋아보였던 것 같아요. 지금 생각하면 좀 오만이었던 것 같지만요(웃음). 저는 누굴 도우며 살 수 있으면 좋은 일이구나, 생각하고 좋은 일을 하기 위해선 복지를 전공하면 된다고 생각했어요. 하지만 나중에 대학교를 졸업할 때가 돼서 알았죠. 누군가를 돕는다는 건 꼭 복지를 전공하지 않아도 할 수 있는 일이라고요. 참 생각없이 살았다는 걸 그때 깨달았어요.

남을 도울 방법이 다양하다는 걸 깨달았음에도, 직업적으로 돕는 일을 선택하게 되었네요.

혜윤 사실 어떤 직업으로 살고 싶다는 생각은 안 해봤어요. 우연히 졸업 전에 공익재단에서 인턴을 하게 됐어요. 그때 시민 단체도 알게 됐는데, 활동가들의 일이 멋있어 보였어요. 반면 당시 인턴이었던 제 눈에 재단은 현장과 가까운 곳이 아닌 온실 같은 느낌이었거든요. 현장에서 일하고 싶었어요. 대상자들을 가까이 만나고, 지역의 필요를 알 수 있는 곳에서요. 그래서 졸업 후에 마약을 해서 감옥에 있다가 나온 분들을 돕는 '마약 의존 재활연구소'라는 곳에서 일했어요. 그런데 생긴 지 얼마 안된 곳이라 안정적이지 못해서 6개월 정도 더 운영되다가 사라졌어요. 그 당시에 너무 슬펐어요. 그곳에서 만난 사람들에게 정이 들었거든요. 그때 제가 경험이 부족하다는 걸 느꼈죠. 뭔가를 해주고 싶어도 해줄 수 없고, 인프라를 찾아주고 싶어도 능력이 부족해서 답답한 순간이 많았어요. 그때 재단에서 인턴으로 있을 때 상사가 해줬던 조언이 떠올랐어요. 첫 직장은 규모 있고, 배울 수 있는 곳이 좋다고요. 지금 필요한 게 그런 곳일 수 있겠다 싶었고 마침 공채가 떴길래 재단에 들어가게 됐죠. 재단에서 하는 일도 너무 좋았기 때문에 다른 길은 생각 안 해 봤어요.

그렇게 애정을 가진 곳에서 일했는데, 어떤 이유로 퇴사하게 됐는지 궁금해요.

혜윤 결혼 전에 이직해야지 싶었거든요. 결혼하고 나면 다른 일을 하는 게 더 고민될 것 같았어요. 남편과도 더 많은 얘기를 나눠야 하고요. 재단을 관두기 전 2년 동안은 시민단체를 지원하는 일을 했는데 같이 일한 팀원 분들도 그랬지만, 지원하는 단체에 너무 존경스럽고 대단한 사람이 많은 거예요. 그래서 현장에서 일해보고 싶은 마음이 들었어요. 근데 재단에서 오랜 기간 일하면서 점점 용기가 안 나더라고요. 이렇게 쭉 하다 보면 용기는 사라지고, 안정적인 게 더 좋아질 것만 같아서, 결혼 전에 관두고 교육시민단체에 간 거죠.

그리고 지금은 전혀 다른 방식으로 시간을 보내고 있죠. 혜윤 씨는 옮겨간 회사를 관두게 된 이유는 뭐예요?

혜윤 관둘 때쯤, 내가 활동가로 일하고 있지 않다는 생각이 들어서 싫었어요. 언젠가부터 다음 달 카드값을 메우기 위해 다니고 있다는 생각이 들었거든요.

슬픈 일이지만 많은 직장인들이 그렇게 생각하지 않나요?

혜윤 다른 사람을 위해 일한다고 하면서, 내 일상은 잘 챙기지 못하는 점도 마음에 걸렸어요. 일을 하고 돌아오면 청소도 하기 싫고 누워있는 것 외엔 모두 하기 싫었어요. 당장 회

사에 중요한 일이 있어서, 바쁘게 일하고 밤샘 야근할 때면 친구가 아플 때 찾아가는 것조차 버거운 일이 되는데, 그게 너무 싫은 거예요. 남에게 필요한 사람이 되고 싶다고 하면서 정작 내 주변 가까운 사람에겐 그런 사람이 되지 못하고, 나 스스로도 챙기지 못하는 사람이 된 것 같았어요.

퇴사를 마음먹고 미리 계획한 부분이 있었나요?
혜윤 다른 사람에겐 쓸모없더라도, 나한텐 의미 있는 일들을 해보고 싶다고 생각하면서 그만뒀어요. 근데 당시엔 그게 뭔지 잘 모르겠더라고요. 그때 비전화 공방에서 '바라는 삶을 사는 힘을 길러낸다'고 말하며 제작자를 찾는다는 모집 공고를 봤어요. 목공이랑 여러가지를 배울 수 있다길래 되게 궁금했어요. 저는 손을 움직여서 뭔가를 만드는 걸 좋아했거든요.

혜윤 씨는 공방에서 스스로에게 의미 있는 일을 발견했나요?
혜윤 공방에서 1년을 보내면서, 새롭게 가지게 된 마음이 있어요. 직장을 관둘 때 실은 무서웠거든요. 평생 동안 공부하라면 하고, 대학에 가라면 가면서 많은 순간을 단편적으로 살아온 것 같아서 내 삶이 뭐하나 연결되는 게 없다는 느낌이었어요. 그래서 직장을 관두고 내가 해왔던 일 외에 뭘 할 수 있을까 두려웠어요. 그런데 1년 동안 이것저것 해보면서 이제 내가 회사로 다시 돌아가도 예전과 같진 않겠구나 하는 생각이 드는 거예요. 언제든 다른 작은 일을 시작할 수 있겠다는 용기가 생겼어요. 갑자기 용기가 충만해져서 뭐든 쉽게 시작하게 된 건 아니지만, 다른 가능성과 선택지도 있구나, 하는 걸 알게 됐죠.

퇴사 후에 알게 된 점이 또 있다면요?
혜윤 '공방에 다니면서 배운 것들을 일로 만들면 좋겠다. 돈벌이가 될 방식을 찾고 싶다'고 생각하는 동시에 예전을 돌아봤거든요. 난 재단을 싫어하지 않았고, 내가 했던 일과 그곳에서 만난 사람들도 좋아했었는데 왜 거기서 견디지 못하고 나오기로 결정했을까? 하고요. 어쨌든 일상을 돌보는 것과 맞닿아 있는 것 같더라고요. 나는 무슨 일을 하는지도 중요하지만, 시간적인 조건이 중요한 사람이구나를 알게 된 거예요. 예전에는 아주 새로운 일을 해봐야지라든가 이제껏 해보지 않은 재밌는 일을 해봐야지 했다면, 이제는 일의 내용이 엄청 중요하진 않단 걸 알게 됐어요. 물론 이왕이면 좋은 사람들과 좋은 일을 하면 좋겠지만, 일상을 돌보는 게 짐처럼 느껴지지 않을 정도의 시간만 들일 수 있다면, 일의 내용은 크게 중요하지 않더라고요.

예전에는 공부해서 당연히
대학 가고 취업해야지라고만
생각했지 다른 식으로 살 수
있다는 걸 몰랐어요.

그렇게 소중한 일상을 돌보는 혜윤 씨만의 방법이 있어요?
혜윤 예전에 남편과 영화를 보다가, 영화제를 만든 적이 있어요. 둘이서 보는 거지만 영화제처럼 프로그램도 짜고, 사람들도 더 초대하고, 굿즈도 만들고 초대 가수는 없지만 좋아하는 가수 영상도 틀고요. 그게 되게 재밌는 거예요. 재단, 단체에서 일할 때는 결의에 차서 공익적 활동을 구조를 바꾸는 일들로만 생각했거든요. 그런데 사실 나에게 즐거운 일을 하는 게 되게 낭만적인 방식의 공익 활동이라고 생각해요. 주변 사람이 봐선 저게 무슨 변화를 일으키는 일이야? 할지 모르겠지만 나한텐 의미 있으니까요. 그래서 그런 일을 하고 싶어요. 어디에 속해서 조직적으로 하는 일이 아니더라도 내 삶과 주변을 잘 돌보면 변화가 생기잖아요. 그런 것들도 되게 큰 힘이 있을 거라고 생각하거든요. 물론 처음부터 '이건 힘이 있으니까 시작해야해!' 한 건 아니지만요.

혜윤 씨는 이제 회사에 다니고 있지 않은데요. 명함이 사라진 스스로는 어떤 사람이라고 생각해요?
혜윤 저는 일상에 집중하고 싶은 사람이라고 하고 싶어요. 일상을 단단하게 만들고 싶어요. 남편에 대해서는 예전에 상견례 때 시아버지가 그러셨어요. 생각한 대로 사는 사람이라고요. 근데 제가 봐도 그렇거든요. 저는 용기가 없어서 당장 시작하지 못하는 것도 남편은 해요. 쉽게 질려 하긴 하지만(웃음).

혜윤 씨는 손으로 무언가를 만드는 작업을 하고 있는데요. 예전에 회사에서 하던 일보다 본인에게 더 어울린다고 생각해요?

혜윤 제가 관심을 가진 것들은 좋아하고 바라는 삶의 방식과 맞닿아 있는 것 같아요. 저는 의미도 중요하지만 시각적으로 예쁜 것도 중요한 사람이에요. 취향을 고려하지 않고 의미만 좋은 건 싫거든요. 예를 들어 사람들이 '이거 되게 예쁜데 써 볼까?' 해서 샀는데 의미 있고 좋은 점도 있네, 하는 것들을 만들고 싶어요. 저는 오래 쓰는 것도 좋아해요. 요즘엔 그릇 수리에 관심이 있거든요. 그릇 수리한 결과물이 되게 예쁜데, 그건 집안에 있는 오래된 것을 고쳐 쓰는 거잖아요. 쉽게 사고 버리는 게 아니라요. 계속 관심 갖고 시도하려는 것들이 제가 추구하는 것과 조금 비슷한 것 같아요.

나에게 어울리는 일, 좋아하고 재밌는 일을 어떻게 발견했나요? 많은 사람들은 그게 뭔지 모르고 살잖아요.

혜윤 저 스스로에게 관심을 가지면 조금씩 보이는 것 같아요. 어떤 사회적인 시선이나 기준이 아니라요. 저는 손을 움직여서 만드는 걸 좋아한다고 했잖아요. 그럼 기술자가 되어야 할 것 같거든요. 애초에 기술자가 되었다면, 덜 방황했겠다 싶기는 해요. 하지만 예전에는 공부해서 당연히 대학 가고 취업해야지라고만 생각했지 다른 식으로 살 수 있다는 걸 몰랐어요. 손으로 뭔가를 만드는 건 어렸을 때부터 좋아했는데, 직업으로 삼을 수 있단 생각은 못했어요. 늘 이런 건 취미로 가져야지라고만 생각했죠. 돈을 버는 일은 어디에 속해서 일하는 것이라고 생각했던 것 같아요.

'회사를 좀 더 빨리 관두고 시도 해볼 걸' 하는 생각도 들었을 것 같아요.
혜윤 하지만 그런 과정을 거치지 않았으면, 성격상 잘 몰랐을 것 같아요. 제가 그런 걸 깨닫는 게 너무 느려서 아쉽긴 하죠. 이런 과정이 빨라서 일찍 관뒀다면 좋았겠지만, 그걸 모른 채로 관두기만 했다면 과거를 아쉬워하고, 되돌리고 싶어 했을 거예요.

많은 사람이 학교를 졸업하고 하나의 직업을 가지고 쭉 살아가잖아요. 두 분은 그와 다른 방식으로 살고 있는데, 그렇게 살기로 결심했던 순간은 언제예요?
혜윤 한 군데만 쭉 다녀야지, 아니면 이것도 저것도 해봐야지 하는 걸 미리 결정해두지는 않은 것 같아요(웃음). 제가 회사 내에서 스스로 지치지 않고 만족스런 모습이었다면 계속 다니지 않았을까요? 하지만 그 안에서 제 모습이 그저 그랬고, 자존감이 낮아졌어요. '이런 모습으로 살고 싶지 않았는데' 하면서요. 저는 항상 현재를 살아가기 위한 선택을 한 것 같아요.

창석 특별한 건지는 잘 모르겠어요. 요즘에는 직장을 많이들 옮기니까요. 그리고 저는 평생직장을 꿈꾸긴 했어요. 취업할 때도 창사 이래로 해고가 없다는 회사에 취직을 했고요. 그래서 그만둘 때마다 약간의 좌절감이 느껴졌어요. 내가 왜 버티지 못했을까, 하는 낙오된 느낌을 항상 가지고 있었죠. 공허함도 있고요. 첫 직장은 2년을 다니고 재단은 5년 간 다녔는데요. 저처럼 일을 바꾸다 보면, 남들은 올라가고 있는데 전 항상 처음 시작하는 느낌이 들어요. 그럴 땐 뭔가 실패했다는 생각도 했죠(웃음).

그럼 반대로 많은 사람이 살아가는 방식으로 살 수 있을 것 같아요? 가령 대학을 졸업하고 대기업에 취업하려는 삶이요.

혜윤 그렇게 살 수 있을까에 대해서 생각해 본 적이 없어요. 그렇게 살 수 없겠다가 아니라 생각 자체를 안 해본 것 같아요. 그들에게 힘들게 느껴지지 않으면 나쁘지 않다고 생각해요. 그들이 만족스럽다면요.

창석 그걸 함부로 '못산다'고 말하거나 평가할 수는 없는 것 같아요. 안 살아봐서 모르는 삶인데, 좋은 점도 있을 것 같거

'일상 디자이너' 박혜윤

든요. 소박한 즐거움도 있을 것 같고요. 저는 모습은 중요하지 않다고 봐요. 어떤 생각을 가지고 있는지가 중요하지 어떤 식으로 사는지 자체는 중요하지 않은 것 같아요. 직장이 중요한 게 아니라 가치관이 중요한 거 아닐까요. 직장은 약간 표면적인 느낌인 거죠. 대기업을 다닌다고 모두 동일한 생각을 가진 건 아니잖아요. 단지 삶의 패턴일 수도 있으니까요. 공익활동가는 무조건 공익적이고 훌륭하고 공동체를 생각하는 사람일 거라고 여기는 게 편견일 수 있는 것처럼요. 방식은 여러가지가 있을 수 있고, 그 내용을 무슨 생각으로 채우느냐가 더 중요한 것 같아요.

혜윤 하지만 만약 저처럼, 평생 하던 게 이거라는 이유로 다른 길을 생각하지 못하는 거면 좀 속상할 것 같긴 해요. 하지만 선택지를 다 알면서 본인이 선택한 거면 그게 그 사람의 최선이겠죠. 우리의 삶에도 불안함이 많긴 하지만, 그게 전부는 아니라고 말해주고 싶어요.

혜윤 씨 부부는 지금 살고 있는 집으로 많이 알려졌어요. 신혼부부가 아파트가 아닌 작은 주택을 지었다는 점 역시 평범하지 않은 선택으로 느껴져요.

창석 제가 많이 원했어요. 저는 공간이 삶을 변화시켜 준다는 걸 믿었어요. 지금도 그렇고요. 디자인에 관심이 많다 보니 건축에도 관심 있었거든요. 가령 서울국립미술관에 처음

갔을 때, 공간이 사람의 행동을 만든다는 게 어떤 뜻인지 눈에 보이더라고요. 아파트는 평면적이잖아요. 아파트보다 평면적이지 않은 공간, 나에게 맞춰진 공간에 산다면 공간이 주는 영감이 더 커질 거라고 생각했어요. 그리고 아기가 태어난다면 집안에 계단이 있어서 상하구조를 보고 자라는 게 좋을 거라고 생각했어요.

땅을 포함해 집을 짓는 데 든 돈이 대략 3억원 정도라고요. 서울 한복판에 집을 짓는다고 하니, 돈이 많다는 오해도 받았을 것 같아요.

창석 그런 시선이 있긴 했어요. 되게 작은 주택인데, 사람들은 집을 짓는다고 하면 큰 주택을 상상하니까 더 그랬던 것 같고요.

혜윤 원래는 저희가 가진 돈으로 구옥을 고쳐서 쓰는 게 계획이었어요. 근데 부모님이 저희가 구한 공간보다 이 부지가 좋겠다고 하시더라고요. 여기에 판넬로 지은 집이 있었거든요. 그건 고칠 수가 없어서 새로 지어서 살 수밖에 없는 상황이 된 거예요. 부모님도 염려하긴 하셨지만, 크게 반대하시진 않았어요.

집을 지을 때 가장 신경 썼던 점은 뭐예요? 집을 지으면서 머리에 그렸던 삶의 방식이 궁금해요.

혜윤 이 집이 도드라지지 않으면 좋겠다고 생각했어요. 이 동네에 높은 건물이 많지 않아서 혼자 우뚝 솟은 느낌일까 봐 걱정도 했고요. 어쨌든 집을 짓고 나서도 눈에 안 띄었으면 하는 마음에 2층을 까만색으로 덮었죠. 또 당시엔 동네에 슬레이트 지붕이 많아서 비슷한 무늬로 외장을 했고요.

창석 저는 이 집을 지을 때 단순하게 생활하고 싶다고 생각했어요. 그래서 작고 필요한 것들만 딱 갖춰진 집을 만들고 싶었어요.

원래 더 크게 지을 수 있었는데 그렇게 하지 않은 거예요?

혜윤 당시엔 낭비되는 공간이 없으면 좋겠다는 생각이 있었어요. 혹시 모르니까 남겨두는 공간은 뭔가 창고처럼 되어버릴 테니까요. 그래서 모든 공간을 계획적으로 만들었어요. 그리고 저는 큰 집을 좋아하지 않아서 20평 내외면 좋겠다고 생각했고요. 또 현실적인 문제가 있었는데, 15평 이상으로 지으면 주차공간을 필수로 넣어야 한다는 거예요. 당시에는 차의 필요성을 몰랐고, 땅의 모양도 주차공간을 만들기 어려웠거든요. 차도 없는데, 차를 위한 공간을 만들기보다 딱 맞춰서 15평 안쪽으로 짓자 해서 이렇게 만들었죠.

결혼식도 간소하게 했다고 들었어요. 집의 크기도 그렇고 차도 그렇고… 굳이 더 욕심내지 않는 삶의 방식을 가진 것 같아요.

창석 그런 지향을 가지고 있긴 해요. 하나를 사도 더 잘 만들어진 걸 사고 싶다고 생각하고요.

혜윤 저는 쉽게 버려지는 게 싫어서, 뭔가를 살 때 오래 쓸 수 있는 걸까? 하고 생각해요. 가격도 중요하지만, 저는 그게 가격보다 더 중요한 것 같아요.

얼마 전 아이가 태어났는데, 육아에 대해서도 같은 지향점을 가지고 있나요?

혜윤 태어나기 전엔 이렇게 자라주면 좋겠다 얘기하기도 했는데, 태어난 뒤로는 잘 안 한 것 같아요. 부담이 될 수도 있잖아요(웃음). 아이를 믿어줄 수 있는, 정서적으로 안정된 엄마가 되고 싶어요. 아이가 날 봤을 때 불안해 보이지 않았으면 좋겠다. 그거 말고는 없는 것 같아요.

창석 전 딸이었으면 좋겠다거나, 영화감독이 되면 좋겠다고 했어요. 근데 보통 부모는 자기가 못한 걸 아이에게 투영하니까 그러면 안 되겠다 싶었죠. 하지만 한 가지 바라는 점은 있어요. 제가 느린 사람이니까, 아이는 하고 싶은 일을 빨리 찾으면 좋겠다고는 생각해요. 자기가 어떤 걸 좋아하고 어떤 사람인지를요. 그걸 어떻게 찾을 진 모르겠지만 다양한 경험

다섯 번째

을 하게 해주고 싶어요. 저는 대학을 졸업해서 첫 직장을 퇴사할 때까지 비영리 단체에 취직한 사람을 본 적도 없고 그런 길이 있다는 걸 들어본 적도 없었어요. 대기업에 못 가면 실패한 거라고 말하는 사람도 있잖아요. 그게 아니라 세상에는 많은 길이 있다는 걸 알려주고 싶어요. 다양한 길, 다양한 삶의 방식이 있다고요.

혜윤 선택지가 다양하다는 걸 알려주고 싶어요. 저는 생각없이 요구에 의해서 살아온 사람이라서 그걸 왜 해야 하는지 생각을 많이 해보지 않은 것 같거든요. 특히 어렸을 땐 더욱요. 그리고 어린 아이는 뭐해라 뭐해라 하면, '엄만 안하면서' 이런 말 많이 하잖아요(웃음). 말로만 하면 꼰대처럼 될 것 같고, 아이가 어떻게 자라길 바라는 모습으로 살아야겠다고 생각했어요. 좀 거창하게 들리지만, 더 나은 사람이 되고 싶어요.

함께한 5년의 시간 동안 느끼기에, 서로의 가치관은 얼마나 닮아있는 것 같나요?

혜윤 저희 둘 다 취향이 메이저는 아니라서 비슷하다고 생각했지만, 마이너 중에서도 갈리더라고요(웃음). 근데 상식선이 비슷한 점이 좋아요. 배우자를 만날 때 중요하다고 생각하는 부분 중 하나였거든요. 다른 건 당연할 수밖에 없지만 상식선은 비슷한 사람이면 좋겠다고 생각했는데, 저는 그게 비슷하다고 생각해요. 갈등이 생겼을 때 난 이런 생각인데, 어땠어? 하고 말하면 이해가 돼요. 서로 얘기해서 상대 입장이 100% 이해되지 않은 적은 없는 것 같아요. 그렇게 말해주니까 알겠다 하고 해결이 되는 것 같아서 다행이에요.

집에서 보내는 시간 중에 가장 좋아하는 시간은요?
혜윤 저는 셋이 다 같이 있지만, 각자 자기가 하고 싶은 일을 할 때가 좋아요. 아이는 자고 있을 때겠죠? 저는 주로 뭘 만들어요. 재봉틀을 하거나 컴퓨터를 하거나요. 남편은 TV나 영화를 보거나, 디자인 프로그램으로 뭘 만들기도 하고요.
창석 보통 저녁시간인 것 같아요. 저녁에 다같이 밥 먹을 때가 좋아요.

두 분에게 집은 어떤 의미예요? 집을 지어서 살기 전과 후에 집에 대한 생각이 달라진 부분이 있나요?
혜윤 저는 원래 저에게 속한 걸 쉽게 좋아해요. 그래서 남편한테 꼭 집을 지어야 하냐고 말하기도 했어요. 그럼 더 가볍게 살지 못할 것 같아서요. 남편은 저보다 훨씬 더 가볍게 생각할 줄 아는 사람이라서 짓자고 말한 것 같아요. 막상 짓고 나니 되게 소중해져서… 제가 이 집이 마음에 걸려서 하고 싶은 걸 못하면 어쩌나 하는 불안이 생겼어요. 하고 싶은 일이 생기거나, 떠나고 싶을 때 이 집이 걸려 떠나지 못하는 일이 생기지 않으면 좋겠거든요.

창석 제가 먼저 집을 짓고 싶어 했고, 집이 삶을 바꿀 수 있을 거라고 믿어왔는데요. 살아보니 사실 그 정도는 아니었던 것 같아요. 짐이 자꾸 늘어나서 스트레스를 받기도 하고요. 하지만 다른 의미에서 더 소중해지긴 했어요. 주택은 살다 보면 계속 문제가 생길 수 밖에 없어요. 고장이 나고 보수해줘야 하고요. 그런 거에 관심을 가지고 대하니까 과거와는 또 다른 의미에서 애정이 생겼어요. 드라마틱한 변화나 대단한 철학 같은 건 아니지만요. 생활에서의 따뜻한 경험이나 추억에서 소중한 집이 됐어요. 처음에 집을 지을 때는, 내가 죽고 나면 자식이 살 거라고 생각했어요(웃음). 근데 지금은 언제까지 살지도 잘 모르겠어요. 내일 뭐 할지도 잘 모르니까요.

내일이 어떻게 될지 모르는 삶의 방식이 불안하게 느껴질 때도 있나요? 그럴 땐 어떻게 해요?

창석 불안한 상황에서 가장 힘이 되는 건 둘의 사이예요. 내가 못하더라도 같이 도와서 할 수 있다는 둘 사이의 믿음이요. 결혼 전과 가장 크게 달라진 점이에요. 그 전엔 바닥까지 내려갈 때도 있었거든요. 심하게 가라앉아서. '아유, 이번 생은 망했구나.' 이런 생각을 하던 시절이 있단 말이에요. 그리고 주변에서 챙겨 주시는 분도 많아요. 저희 둘다 대가족이라 가족들이 지지가 돼요. 지인분들도요.

다섯 번째

불안한 삶을 행복하게 만드는 건 어떤 시간들이에요?
혜윤 전 집을 돌보는 시간하고 주변 사람을 돌보는 시간, 돈벌이를 위한 시간 세 가지가 모두 필요해요. 정말 딱 잘라서 3분의1은 아니더라도요. 예전엔 회사일을 열심히 하면 나머지는 어쩔 수 없이 해야 하는 일이었지만 지금 뭔가를 만드는 일을 하면서는 그렇지가 않아요. 물론 아직은 돈벌이가 원하는 만큼 충분하지 못하고 적당히, 조금 벌지만요(웃음). 하지만 집도 잘 챙길 수 있고 주변 사람들 필요한 일에 가야할 때도 어느 것 하나 하기 싫은 게 없어요. 그게 좋아요.
창석 일하는 시간과 취미를 즐길 시간이요. 영화를 보거나 일과 상관없이 뭔가를 만드는 시간, 그 두 가지인 것 같아요.

가장 최근에 즐겁고 재밌었던 시간은 언제예요?
혜윤 아이를 보고 있으면 되게 웃겨요. 저희 집에서 제일 귀여운 생명체예요. TV보다 재밌어요. 표정도 웃기고. 지난주에 3일 동안 목공 작업했을 때도 좋았어요. '시간 가는 줄 모르고 일하는데 돈까지 벌어서 행복하다' 싶었어요.

그렇다면 앞으로의 시간은 어떻게 쓰고 싶으세요?
창석 나이를 먹으면 직업적인 일이 아닌 것에도 손을 바지런하게 움직여가면서 살면 좋지 않을까 해요.
혜윤 지금과 비슷해도 좋을 것 같아요. 다만 돈벌이는 조금 더 안정적이면 좋겠고요. 지금은 그래요.

미래의 당신에게 해주고 싶은 말이 있나요?
혜윤 이런 자리가 있을 때 좀 더 '내 중심은 이렇습니다'라고 말할 수 있는 삶을 살고 있으면 좋겠어요(웃음). 지금보다 좀 더 명확하게 정리된 삶이요.

박혜윤 시간활용 능력 테스트

1. 은퇴라는 단어를 들으면 떠오르는 이미지는 무엇인가요?
A̶ 여유와 활력 B 우울과 두려움

2. 은퇴 후 시간활용 계획이 있나요?
A̶ 있다 B 없다

3. 최근 6개월 이내 우울감이나 불면증을 느낀 적 있나요?
A̶ 없다 B 있다

4. 좋아하는 취미나 수강 중인 강좌가 있나요?
A̶ 있다 B 없다

5. 최근에 새로운 그룹이나 친구, 만남을 가진 적 있나요?
A̶ 있다 B 없다

6. 갑작스러운 휴일이 주어지면 여행이나 휴식 외 하고 싶은 게 있나요?
A̶ 있다 B 잘 모르겠다

7. 당신은 자신이 어떤 사람인지 알고 있나요?
A 어느 정도 알고 있다 B̶ 아직 잘 모르겠다

8. 당신은 현재 삶에 만족하나요?
A̶ 만족 B 불만족

점수 _____ 8

9. 하루 24시간 중 당신이 직접 계획하고 행동하는 시간은 얼마나 되나요?
✓ A 3시간 이상 B 3시간 미만

10. 지금보다 더 만족스러운 삶을 살 수 있다고 믿나요?
✓ A 아니다 B 그렇다

결과

총점 10~8점
당신은 시간활용의 달인이 될 가능성이 높습니다!

총점 7~4점
주인인간으로 살기 위해서는 지금부터 준비해야 합니다!

총점 3점 이하
퇴사/은퇴 후가 걱정되네요.
시간활용 능력에 대해 고민해보세요.

시활의 달인 5 : 박혜윤처럼

스스로에게 던지는 질문

유능한 멀티플레이어, 영민한 사회생활은 박혜윤 씨와 거리가 먼 얘기이다. 어린 시절 그는 다른 사람에게 도움이 되는 일을 하고 싶었다. 앞으로는 더 나은 사람이 되고 싶다고 한다. 둘 다 모호하게 들리기도 하고, 딱히 원대한 꿈은 아닌 것 같다.

박혜윤 씨가 내린 '더 나은 사람'의 정의에 물건은 거의 없다. 더 좋은 집, 더 나은 자동차, 더 유명한 맛집에서의 외식, 더 고급스러운 옷, 더 폼나는 회사 명함, 더 좋은 스펙은 아예 생각해보지 않았다. "그런 기준이 있는 사람들은 나름의 이유가 있겠죠. 뭐가 더 옳은 것이라고 말할 건 아닌 것 같아요. 중요한 건 '왜'라는 질문이죠."라고 말한다.

왜 거기 살아요? 왜 그 차를 타야 해요? 왜 그 회사에 계속 다니려고 해요? 왜 그 옷이 좋아요? 왜 공부를 더 하려고 해요? 아마도 이런 질문들일 것이다. 박혜윤 씨는 끊임없이 질문한다. 깊이 질문한 후 답이 나오면 재빠르게 해보는 게 그의 방식이다.

남이 나를 어떻게 볼까 하는 관심은 거두고 스스로를 향해 느리지만 집요하게 질문하고 행동한다. 예를 들면, "다른 사람은 몰라도 나에게만 재밌고 의미 있는 일이 뭐지?" 묻고, 그중에 무리 없이 시작할 수 있는 것부터 추진해본다. 하다 보니 돈이 되는 것도 있고, '아, 나는 역시 겪어봐야 아는 사람이야. 실패야.' 하고 좌절하는 일도 있다.

그렇지만 박혜윤 씨에게는 확실한 중심이 있다. 그래서 직업이나 직장은 언제든 자기중심에 따라 한 가지 혹은 여러 가지를 가질 수도 버릴 수도 있다고 생각한다. 필요하면 멀티플레이어가 될 수도 있지만, 멀티플레이어가 그의 목표는 아니다. 다시 말해, 어떤 직업을 가지지 않으면 혹은 어떤 직장에서 밀려나면 자기 존재감이 사라진다고 생각할 일이 없다. 마치, 운동을 많이 해 몸이 단단한 사람은 어떤 옷을 입어도 태가 나는 것과 같은 이치이다. 자기가 세운 원칙과 기준에 따라 다양한 선택지를 실험할 뿐이다.

생활인이니까 돈도 중요하다고 생각한다. 우선, 결혼할 때 앞으로 전세살이에 들 에너지와 비용을 원천적으로 대체하면서 주택에 대한 특별한 애정을 담아, 직장생활 15년간 저축한 돈을 쏟아부어 작은 집을 짓는 데 보탰다. 회사에 다니면서 월급의 70~80%를 저축했다. 원래 철마다 옷 사는 것을 즐기지 않아 다행이었다. 그 돈을 모아 가보고 싶었던 아이슬란드에서 한 달을 살아본 적도 있다. 원래 손재주가 좋아 아기 장난감 같은 것은 제 손으로 만들다 보니 살림살이에도 조금 보탬이 된다. 소박하게 먹고 입으면서 헛돈은 안 쓰려고 노력한다. 의식주를 자기중심에 따라 만들어 온 것처럼 시간도 그렇게 디자인한다. 하루의 삼 분의 일은 돈 버는 데, 삼 분의 일은 집안일과 나를, 삼분의 일은 주변 사람을 챙기는 일에 쓰겠다는 계획이다.

박혜윤 씨는 아직 30대다. 앞의 다른 시간활용의 달인들보다 적게는 20년, 많게는 50년이 차이 난다. 엄청난 내공을 가진 선배 시간활용의 달인들의 30대는 어떠했을까. 분명히 수없이 흔들리고 좌절하면서 남

보기에 아무것도 이루지 못한 것으로 보였을 것이다. 비교적 젊고 화려하지 않은 스펙의 박혜윤 씨가 시간활용의 달인으로 꼽힌 것은 자기 정체성에 따라 시간을 자율적으로 분배하고, 과한 욕망을 제어하면서 자기 인생을 충분히 컨트롤하고 있기 때문이다. 분명한 것은 앞으로 수십 년 후에도 그의 인생은 화려하지 않아도, 결코 비굴하지도 오만하지도 않을 거라는 점이다. 또 한 가지 확실한 것은 그가 나이 든 자신의 삶을 무척 좋아할 것이라는 점이다.

시간활용의 달인

출판사 오오북스

대표 박경민

메일 ohohtour@gmail.com
전화번호 02-352-5380,
010-7255-6555
주소 서울특별시 서대문구 수색로 43,
2층 (남가좌동, 사회적경제마을자치센터)
홈페이지 www.ohohtour.com
인스타그램 ohohtour_official
블로그 blog.naver.com/ohohtour

이 책의 저작권과 판권은
오오북스에 있습니다.
본 책 내용의 전부 또는 일부를
재사용하려면 반드시 저작권자의
서면 동의를 받아야 합니다.

2020년 1월 6일 초판 1쇄 인쇄
2020년 1월 13일 초판 1쇄 발행

발행 오오북스, 주식회사 오오여행
기획 박선민
편집 라이프팩토리 컨셉진
에디터 김재진, 송은호
사진 황지현
디자인 홍설아

주식회사 오오여행은 한국사회적기업진흥원과 (사)한국사회적기업중앙협의회
공제사업단이 선정한 2019년 「사회적기업가 육성사업」창업팀으로, 본 도서는
이 육성사업의 지원으로 제작되었습니다.